好读书而求甚解

叶圣陶 谈阅读

叶圣陶◎著

开明出版社

图书在版编目（CIP）数据

好读书而求甚解：叶圣陶谈阅读 / 叶圣陶著 . —
北京：开明出版社，2017.6 （2023.2 重印）

ISBN 978-7-5131-3300-5

Ⅰ . ①好… Ⅱ . ①叶… Ⅲ . ①读书方法 Ⅳ .
① G792

中国版本图书馆 CIP 数据核字（2017）第 116256 号

责任编辑：卓玥

特约编辑：吕征　刘苗苗

书　　名：好读书而求甚解

出 版 人：陈滨滨

著　　者：叶圣陶

出　　版：开明出版社（北京市海淀区西三环北路 25 号青政大厦 6 层）

印　　刷：山东华立印务有限公司

开　　本：880mm×1230mm　1/32

印　　张：8

字　　数：120 千字

版　　次：2017 年 9 月 第一版

印　　次：2023 年 2 月 第七次印刷

定　　价：46.00

印刷、装订质量问题，出版社负责调换。联系电话：（010）88817647

目录

读书的方法

读物的选择

我们为什么要读书

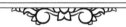

读书的态度

最近各地举行读书运动，从报纸杂志上可以看到许多讨论读书指导读书的文章。

"九一八"事件发生以后，全国青年非常激动，大家想拿出自己的一份力量来对付国家的厄运；可是有些学者却告诉他们一句话，叫作"读书救国"。"读书"两个字就此为青年所唾弃。青年看穿了学者的心肠，知道这无非变戏法的人转移观众注意力的把戏，怎能不厌听"读书呀读书"那种丑角似的口吻？要是说青年就此不爱读书，这却未必。

读书有三种态度。一种是绝对信从的态度，凡是书上说的话就是天经地义。一种是批判的态度，用现实生活来检验，凡是对现实生活有益处的，取它，否则就不取。又一种是随随便便的态度，从书上学到些什么，用来装点自己，以便同人家谈闲天的时候可以应付，不致受人家讥笑，认为一窍不通。

　　顽固的人对于经书以及笼统的所谓古书，是抱第一种态度的。他们或许是故意或许是无心，自己抱了这种态度，还要诱导青年也抱这种态度。青年如果听从了他们，就把自己葬送在书里了。玩世的人认为无论什么事都只是逢场作戏，读书当然不是例外，所以抱的是第三种态度。世间唯有闲散消沉到无可奈何的人才会玩世；青年要在人生的大道上迈步前进，距离闲散消沉十万八千里，自然不会抱这种态度。青年应当抱而且必须抱的是第二种态度。要知道处理现实生活是目的，读书只是达到这个目的的许多手段之一。不要盲从"开卷有益"的成语，也不要相信"为读书而读书"的迂谈。要使书为你自己用，不要让你自己去做书的奴隶。这点意见虽然浅薄，对于被围在闹嚷嚷的读书声中的青年却是有用的。

　　　　　　　　　　刊《中学生》杂志 55 号（1935 年 5 月 1 日）

　　　　　　　　　　署名编者

书·读书

书是什么？这好像是个愚问，其实应当问。

书是人类经验的仓库。这样回答好像太简单了，其实也够了。

如果人类没有经验，世界上不会有书。人类为了有经验，为了要把经验保存起来，才创造字，才制作书写工具，才发明印刷术，于是世界上有了叫作"书"的那种东西。

历史书，是人类历代生活下来的经验。地理书，是人类对于所居的地球的经验。物理化学书，是人类研究自然原理和物质变化的经验。生物博物书，是人类了解生命现象和动植诸物的经验。——说不尽许多，不再说下去了。

把某一类书集拢来，就是人类某一类经验的总仓库。把所有的书集拢来，就是人类所有经验的总仓库。

人类的经验不一定写成书，那是当然的。人类所有的经验假定它一百分，保存在那叫作"书"的总仓库里的必然不到一百分。写成了书又会遇到磨难，来一回天灾，起一场战祸，就有大批的书毁掉失掉，又得从那不到一百分中间减少几成。

虽然不到一百分，那叫作"书"的总仓库到底是万分可贵的。试想想世界上完全没有书的情形吧。那时候，一个人怀着满腔的经验，只能用口告诉旁人。告诉未必说得尽，除下来的唯有带到棺材里去，就此永远埋没。再就接受经验的一方面说，要有经验，只能自己去历练，否则到处找人请教。如果自己历练不出什么，请教又不得其人，那就一辈子不会有太多的经验，活了一世，始终像个泄了气的皮球，瘪瘪的。以上两种情形多么可惜又可怜啊！有了叫作"书"的仓库，谁的经验都可以收纳进去，谁要经验都可以自由检取，就没有什么可惜又可怜了。虽说不能够百分之百地保存人类所有的经验，到底是一件非常了不起的事情。人类文明发展到如今的地步，可以说，没有叫作"书"的仓库是办不到的。

仓库里藏着各色各样东西，一个人不能完全取来使用。各色各样东西太繁富了，一个人太渺小了，没法完全取来使用，而且实际上没有这个必要。只能把自己需用的一部分取出来，其余的任他藏在仓库里。

同样的情形，一个人不能尽读所有的书。只能把自己需用的一部分读了，其余的不去过问。

仓库里藏着的东西不一定完全是好的，也有霉的，烂的，不合用的。你如果随便取一部分，说不定恰正取了霉的，烂的，不合用的，那就于你毫无益处。所以跑进仓库就得注意拣选，非取那最合用的东西不可。

同样的情形，一个人不能随便读书。古人说"开卷有益"，好像不问什么书，你能读它总有好处，这个话应当修正。不错，书中包容的是人类的经验，但是，那经验如果是错误的、过时的，你也接受它吗？接受了错误的经验，你就上了它的当。接受了过时的经验，你就不能应付当前的生活。所以书非拣选不可。拣选那正确的，当前合用的书来读，那才"开卷有益"。

所谓经验，不仅是知识方面的事情，大部分关联到实际生活，要在生活中实做的。譬如说，一本卫生书是许多人对于卫生的经验，你读了这本书，明白了，只能说你有了卫生的知识。必须你饮食起居都照着做，身体经常保持健康，那时候你才真的有了卫生的经验。

看了上面说的例子，可以知道读书顶要紧的事情，是把书中的经验化为自身的经验。随时能够"化"，那才做到"开卷有益"的极致。

刊《开明少年》12 期（1946 年 6 月 16 日）

署名翰先

阅读是写作的基础

在中小学语文教学中，基础知识和基本训练都重要，我看更要着重训练。什么叫训练呢？就是要使学生学的东西变成他们自己的东西。譬如学一个字，要他们认得，不忘记，用得适当，就要训练。语文方面许多项目都要经过不断练习，锲而不舍，养成习惯，才能变成他们自己的东西。现在语文教学虽说注意练习，其实练的不太多，这就影响学生掌握基础知识。老师对学生要求要严格。严格不是指老师整天逼着学生练这个练那个，使学生气都透不过来，而是说凡是要学生练习的，不要练过一下就算，总要经常引导督促，直到学的东西变成他们自己的东西才罢手。

有些人把阅读和写作看作不甚相干的两回事，而且特别着重写作，总是说学生的写作能力不行，好像语文程度就只看写作程度似的。阅读的基本训练不行，写作能力是不会提高的。常常有人要求出版社出版"怎样作文"之类的书，好像有了这类书，依据这类书指导作文，写作教学就好办了。实际上写作基于阅读，老师教得好，学生读得好，才写得好。这样，老师临时指导和批改作文既可以少辛苦些，学生又可以多得到些实益。

阅读课要讲得透。叫讲得透，无非是把词句讲清楚，把全篇讲清楚，作者的思路是怎样发展的，感情是怎样表达的，诸如此类。有的老师热情有余，可是本钱不够，办法不多，对课文不能透彻理解，总希望求助于人，或是请一位高明的老师给讲讲，或是靠集体备课。这不是从根本上解决问题的办法，功夫还在自己。只靠从别人那里拿来，自己不下功夫或者少下功夫，是不行的。譬如文与道的问题，人家说文与道该是统一的，你也相信文与道该是统一的，但是讲课文，该怎样讲才能体现文道统一，还得自辟蹊径。如果词句不甚了解，课文内容不大清楚，那就谈不到什么文和道了。原则可以共同研究商量，怎样适当地应用原则还是靠自己，根本之点还是透彻理解课文。所以靠拿来不行，要自己下功夫钻研。

我去年到外地，曾经在一些学校听语文课。有些老师话说得很多，把四十五分钟独占了。其实许多话是大可不讲的。譬如课文涉及农村人民公社，就把课文放在一旁，大讲农村人民公社的优越性。这个办法比较容易，也见得热情，但是不能说完成了语文课的任务。

在课堂里教语文，最终目的在达到"不需要教"，使学生养成这样一种能力，不待老师教，自己能阅读。学生将来经常要阅读，老师能经常跟在他们背后吗？因此，一边教，一边要逐渐为"不需要教"打基础。打基础的办法，也就是不要让学生只是被动地听讲，而要想方设法引导他们在听讲的时候自觉地动脑筋。老师独占四十五分钟固然不适应这个要求，讲说和发问的时候启发性不多，也不容易使学生自觉地动脑筋。怎样启发学生，使他们自觉地动脑筋，是老师备课极重要的项目。这个项目做到了，老师才真起了主导作用。

听见有些老师和家长说，现在学生了不起，一部《创业史》两天就看完了，颇有点儿沾沾自喜。我想且慢鼓励，最要紧的是查一查读得怎么样，如果只是眼睛在书页上跑过，只知道故事的极简略的梗概，那不能不认为只是马马虎虎地读，马马虎虎地读是不值得鼓励的。一部《创业史》没读好，问题不算大，养成了马马虎虎的读书习惯，可要吃一辈子的亏。阅读必须认真，先求认真，次求迅速，这是极重要的基本训练，要在阅读课中训练好。

阅读习惯不良，一定会影响到表达，就是说，写作能力不容易提高。因此，必须好好教阅读课。譬如讲文章须有中心思想，学生听了，知道文章须有中心思想，但是他说："我作文就是抓不住中心思想。"如果教好阅读课，引导学生逐课逐课地体会，作者怎样用心思，怎样有条有理地表达出中心思想，他们就仿佛跟作者一块儿想过考虑过，到他们自己作文的时候，所谓熟门熟路，也比较容易抓住中心思想了。

总而言之，阅读是写作的基础。

作文出题是个问题。最近有一个学校拿来两篇作文让我看看，是初中三年级学生写的，题目是《伟大鲁迅的革命精神》。两篇里病句很多，问我该怎样教学生避免这些病句。我看，病句这么多，毛病主要出在题目上。初中学生读了鲁迅的几篇文章，就要他们写鲁迅的革命精神。他们写不出什么却要勉强写，病句就不一而足了。

有些老师说《难忘的一件事》《我的母亲》之类的题目都出过了，要找几个新鲜题目，搜索枯肠，难乎其难。我想，现在老师都是和学生经常在一起的，对学生了解得多，出题目该不会很困难。

有些老师喜欢大家挂在口头的那些好听的话，学生作文写上那些话，就给圈上红圈。学生摸准老师喜欢这一套，就几次三番地来这一套，常常得五分。分数是多了，可是实际上写作能力并没提高多少。特别严重的是习惯于这一套，往深处想和写出自己真情实意的途径就给挡住了。

老师改作文是够辛苦的。几十本，一本一本改，可是劳而少功。是不是可以改变方法呢？我看值得研究。要求本本精批细改，事实上是做不到的。与其事后辛劳，不如事前多作准备。平时不放松口头表达的训练，多注意指导阅读，钻到学生心里出题目，出了题目作一些必要的启发，诸如此类，都是事前准备。作了这些准备，改作文大概不会太费事了，而学生得到的实益可能多些。

1962 年 1 月 22 日作
刊 4 月 10 日《文汇报》
署名叶圣陶

语文是一门怎样的功课

　　"语文"作为学校功课的名称，是一九四九年开始的。解放以前，这门功课在小学叫"国语"，在中学叫"国文"。为什么有这个区别？因为小学的课文全都是语体文，到了中学，语体文逐步减少，文言文逐步加多，直到把语体文彻底挤掉。可见小学"国语"的"语"是从"语体文"取来的，中学"国文"的"文"是从"文言文"取来的。

　　一九四九年改用"语文"这个名称，因为这门功课是学习运用语言的本领的。既然是运用语言的本领的，为什么不叫"语言"呢？口头说的是"语"，笔下写的是"文"，二者手段不同，其实是一回事。功课不叫"语言"而叫"语文"，表明口头语言和书面语言都要在这门功课里学习的意思。"语文"这个名称并不是把过去的"国语"和"国文"合并起来，也不是"语"指语言，"文"指文学（虽然教材里有不少文学作品）。

口头语言和书面语言都有两方面的本领要学习：一方面是接受的本领，听别人说的话，读别人写的东西；另一方面是表达的本领，说给别人听，写给别人看。口头语言的说和听，书面语言的读和写，四种本领都要学好。有人看语文课的成绩光看作文，这不免有点儿片面性；听、说、读、写四种本领同样重要，应该作全面的考查。有人把阅读看作练习作文的手段，这也不很妥当；阅读固然有助于作文，但是练习阅读还有它本身的目的和要求。忽视口头语言，忽视听和说的训练，似乎是比较普遍的情况，希望大家重视起来，在小学尤其应该重视。

现在大家都说学生的语文程度不够，推究起来，原因是多方面的。语文教学还没有形成一个周密的体系，恐怕是多种原因之中相当重要的一个，不知道我说得对不对。语文课到底包含哪些具体的内容；要训练学生的到底有哪些项目，这些项目的先后次序该怎么样，反复和交叉又该怎么样；学生每个学期必须达到什么程度，毕业的时候必须掌握什么样的本领；诸如此类，现在都还不明确，因而对教学的要求也不明确，任教的老师只能各自以意为之。

如果大家认为我的看法大致不错，现在小学语文教学研究会成立了，是否可以把我所说的作为研究的课题，在调查、研究、设计、试验各方面花它两三年的工夫，给小学语文教学初步建立起一个较为周密的体系来。

祝同志们工作顺利，身体健康，精神愉快。

1980 年 7 月 14 日作

在小学语文教学研究会成立会上的书面发言

国文教学的两个基本观念

我们当国文教师，必须具有两个基本观念。我作这么想，差不多延续了二十年了。最近机缘凑合，重理旧业，又教了两年半的国文，除了同事诸君而外，还接触了许多位大中学的国文教师。觉得我们的同行具有那两个基本观念的诚然有，而认识完全异趣的也不在少数。现在想说明我的意见，就正于同行诸君。

请容我先指明那两个基本观念是什么。第一，国文是语文学科，在教学的时候，内容方面固然不容忽视，而方法方面尤其应当注重。第二，国文的涵义与文学不同，它比文学宽广得多，所以教学国文并不等于教学文学。

如果国文教学纯粹是阅读与写作的训练，不含有其他意义，那么，任何书籍与文篇，不问它是有益或者有损于青年的，都可以拿来作阅读的材料与写作的示例。它写得好，摄取它的长处，写得不好，发见它的短处，对于阅读能力与写作能力的增进都是有帮助的。可是，国文是各种学科中的一个学科，各种学科又像轮辐一样辏合于一个教育的轴心，所以国文教学除了技术的训练而外，更需含有教育的意义。说到教育的意义，就牵涉到内容问题了。国文课程标准规定了教材的标准，书籍与文篇的内容必须合于这些个标准，才配拿来作阅读的材料与写作的示例。此外，笃信固有道德的，爱把圣贤之书教学生诵读，关切我国现状的，爱把抗战文章作为补充教材，都是重视内容也就是重视教育意义的例子。这是应当的，无可非议的。不过重视内容，假如超过了相当的限度，以为国文教学的目标只在灌输固有道德，激发抗战意识，等等，而竟忘了语文教学特有的任务，那就很有可议之处了。

道德必须求其能够见诸践履，意识必须求其能够化为行动。要达到这样地步，仅仅读一些书籍与文篇是不够的。必须有关各种学科都注重这方面，学科以外的一切训练也注重这方面，然后有实效可言。国文诚然是这方面的有关学科，却不是独当其任的唯一学科。所以，国文教学，选材能够不忽略教育意义，也就足够了，把精神训练的一切责任都担在自己肩膀上，实在是不必的。

国文教学自有它独当其任的任，那就是阅读与写作的训练。学生眼前要阅读，要写作，至于将来，一辈子要阅读，要写作。这种技术的训练，他科教学是不负责任的，全在国文教学的肩膀上。所谓训练，当然不只是教学生拿起书来读，提起笔来写，就算了事。第一，必须讲求方法。怎样阅读才可以明白通晓，摄其精英，怎样写作才可以清楚畅达，表其情意，都得让学生们心知其故。第二，必须使种种方法成为学生终身以之的习惯。因为阅读与写作都是习惯方面的事情，仅仅心知其故，而习惯没有养成，还是不济事的。国文教学的成功与否，就看以上两点。所以我在前面说，方法方面尤其应当注重。

现在四五十岁的人大都知道从前书塾的情形。从前书塾里的先生很有些注重方法的。他们给学生讲书，用恰当的方言解释与辨别那些难以弄明白的虚字。他们教学生阅读，让学生点读那些没有句读的书籍与报纸论文。他们为学生改文，单就原意增删，并且反复详尽地讲明为什么增删。遇到这样的先生，学生是有福的，修一年学，就得到一年应得的成绩。然而大多数书塾的先生却是不注重方法的，他们只教学生读，读，读，作，作，作，讲解仅及字面，改笔无异自作，他们等待着一个奇迹的出现——学生自己一旦豁然贯通。奇迹自然是难得出现的。所以，在书塾里坐了多年，走出来还是一窍不通，这样的人着实不少。假如先生都能够注重方法，请想一想，从前书塾不像如今学校有许多学科，教学的只是一科国文，学生花了多年的时间专习一种学科，何至于一窍不通呢？再说如今学校，学科不止一种了，学生学习国文的时间约占从前的十分之二三，如果仍旧想等待奇迹，其绝无希望是当然的。换过来说，如今学习时间既已减少，而应得的成绩又非得到不可，唯有特别注重方法，才会收到事半功倍的效果。多读多作固属重要，但是尤其重要的是怎样读，怎样写。对于这个"怎样"，如果不能切实解答，就算不得注重了方法。

现在一说到学生国文程度，其意等于说学生写作程度，至于与写作程度同等重要的阅读程度往往是忽视了的。因此，学生阅读程度提高了或是降低了的话也就没听人提起过。这不是没有理由的，写作程度有迹象可寻，而阅读程度比较难捉摸，有迹象可寻的被注意了，比较难捉摸的被忽视了，原是很自然的事情。然而阅读是吸收，写作是倾吐，倾吐能否合于法度，显然与吸收有密切的关系。单说写作程度如何如何是没有根的，要有根，就得追问那比较难捉摸的阅读程度。最近朱自清先生在《国文月刊》创刊号发表一篇《中学生的国文程度》，他说中学生写不通应用的文言，大概有四种情形。第一是字义不明，因此用字不确切，或犯重复的毛病。第二是成语错误。第三是句式不熟，虚字不通也算在这类里。第四是体例不当，也就是不合口气。他又说一般中学生白话的写作，比起他们的文言来，确是好得多。可是就白话论白话，他们也还脱不掉技术拙劣、思路不清的考语。朱先生这番话明明说的写作程度不够，但是也正说明了所以会有这些情形，都由于阅读程度不够。阅读程度不够的原因，阅读太少是一个，阅读不得其法尤其是重要的一个。对于"体会""体察""体谅""体贴""体验"似的一组意义相近的词，字典翻过了，讲解听过了，若不能辨别每一个的确切意义并且熟悉它的用法，还算不得阅读得其法。"汗牛充栋"为什么不可以说成"汗马充屋"？"举一反三"为什么不可以说成"举二反二"？仅仅了解它们的意义而不能说明为什么不可以改换，阅读方法也还没有到家。"与其"之后该来一个"宁"，"犹"或"尚"之后该接上一个"况"，仅仅记住这些，而不辨"与其"的半句是所舍义，"宁"的半句才是所取义，"犹"或"尚"的半句是旁敲侧击，"况"的半句才是正面文章，那也是阅读方法的疏漏。"良深哀痛"是致悼语，"殊堪嘉尚"是奖勉语，但是，以人子的身份，当父母之丧而说"良深哀痛"，以学生的身份，对抗战取胜的将领而说"殊堪嘉尚"，那一定是阅读时候欠缺了揣摩体会的工夫。以上只就朱先生所举四种情形，举例来说。依这些例子看，已经可以知道阅读方法不仅是机械地解释字义，记诵文句，研究文法修辞的法则，最紧要的还在多比较，多归纳，多揣摩，多体会，一字一语都不轻轻放过，务必发现它的特性。唯有这样阅读，才能够发掘文章的蕴蓄，没有一点含糊。也唯有这样阅读，才能够养成用字造语的好习惯，下笔不至有误失。

阅读力法又因阅读材料而不同。就分量说，单篇与整部的书应当有异，单篇宜作精细的剖析，整部的书却在得其大概。就文体说，记叙文与论说文也不一样，记叙文在看作者支配描绘的手段，论说文却在阐明作者推论的途径。同是记叙文，一篇属于文艺的小说与一篇普通的记叙文又该用不同的眼光，小说是常常需要辨认那文字以外的意味的。就文章种类说，文言与白话也不宜用同一态度对付，文言——尤其是秦汉以前的——最先应注意那些虚字，必需体会它们所表的关系与所传的神情，用今语来比较与印证，才会透彻地了解。多方面地讲求阅读方法也就是多方面地养成写作习惯。习惯渐渐养成，技术拙劣与思路不清的毛病自然渐渐减少，一直减到没有。所以说阅读与写作是一贯的，阅读得其法，阅读程度提高了，写作程度没有不提高的。所谓得其法，并不在规律地作训诂学、文法学、修辞学与文章学的研究，那是专门之业，不是中学生所该担负的。可是，那些学问的大意不可不明晓，那些学问的治学态度不可不抱持，明晓与抱持又必须使它成为终身以之的习惯才行。

以下说关于第二个基本观念的话。五四运动以前，国文教材是经史古文，显然因为经史古文是文学。在一些学校里，这种情形延续到如今，专读《古文辞类纂》或者《经史百家杂抄》便是证据。"五四"以后，通行读白话了，教材是当时产生的一些白话的小说、戏剧、小品、诗歌之类，也就是所谓文学。除了这些，还有什么可以阅读的呢？这样想的人仿佛不少。就偏重文学这一点说，以上两派是一路的，都以为国文教学是文学教学。其实国文所包的范围很宽广，文学只是其中一个较小的范围，文学之外，同样包在国文的大范围里头的还有非文学的文章，就是普通文。这包括书信、宣言、报告书、说明书等等应用文，以及平正地写状一件东西载录一件事情的记叙文，条畅地阐明一个原理发挥一个意见的论说文。中学生要应付生活，阅读与写作的训练就不能不在文学之外，同时以这种普通文为对象。若偏重了文学，他们看报纸、杂志与各科课本、参考书，就觉得是另外一回事，要好的只得自辟途径，去发见那阅读的方法，不要好的就不免马虎过去，因而减少了吸收的分量。再就写作力面说，流弊更显而易见。主张教学生专读经史古文的，原不望学生写什么文学，他们只望学生写通普通的文言，这是事实。但是正因所读的纯是文学，质料不容易消化，技术不容易仿效，所以学生很难写通普通的文言。如今中学生文言的写作程度低落，我以为也可以从这一点来解释。如果让他们多读一些非文学的普通文言，我想文言的写作或许会好些。很有些人，在书塾里熟读了《四书》《五经》，笔下还是不通，偷空看了《三国演义》或者《饮冰室文集》，却居然通了，这可以作为佐证。至于白话的写作，国文教师大概有这样的经验，只要教学生自由写作，他们交来的往往是一篇类似小说的东西或是一首新体诗。我曾经接到过几个学生的白话信，景物的描绘与心情的抒写全像小说，却与写信的目的全不相干。还有，现在爱写白话的学生多数喜欢高谈文学，他们不管文章的体裁与理法，他们不知道日常应用的不是文学而是普通文。认识尤其错误的，竟以为只要写下白话就是写了文学。以上种种流弊，显然从专读白话文学而忽略了白话的普通文生出来的，如果让他们多读一些非文学的普通白话，我想用白话来状物、记事、表情、达意，该会各如其分，不至于一味不相称地袭用白话文学的格调吧。

学习图画，先要描写耳目手足的石膏像，叫作基本练习。学习阅读与写作，从普通文入手，意思正相同。普通文易于剖析、理解，也易于仿效，从此立定基本，才可以进一步弄文学。文学当然不是在普通文以外别有什么方法，但是方法的应用繁复得多，变化得多。不先作基本练习而径与接触，就不免迷离惝恍。我也知道有所谓"取法乎上，仅得其中"的说法，而且知道古今专习文学而有很深的造诣的不乏其人。可是我料想古今专习文学而碰壁的，就是说一辈子读不通写不好的，一定更多。少数人有了很深的造诣，多数人只落得一辈子读不通写不好，这不是现代教育所许可的。从现代教育的观点说，人人要作基本练习，而且必须练习得到家。说明白点，就是对于普通文字的阅读与写作，人人要得到应得的成绩，绝不容有一个人读不通写不好。这个目标应该在中学阶段达到，到了大学阶段，学生不必再在普通文的阅读与写作上费工夫了——现在大学里有一年级国文，只是一时补救的办法，不是不可变更的原则。

至于经史古文与现代文学的专习，那是大学本国文学系的事情，旁的系就没有必要，中学当然更没有必要。我不是说中学生不必读经史古文与现代文学，我只是说中学生不该专习那些。从教育意义说，要使中学生了解固有文化，就得教他们读经史古文。现代人生与同有文化同样重要，要使中学生了解现代人生，就得教他们读现代文学。但是应该选取那些切要的、浅易的、易于消化的，不宜兼收并包，泛滥无归。譬如，老子的思想在我国很重要，可是，《老子》的文章至今还有人作训释考证的工夫而没有定论，若读《老子》原文，势必先听取那些训释家考证家的意见，这不是中学生所能担负的。如果有这么一篇普通文字，正确扼要地说明老子的思想，中学生读了也就可以了解老子了，正不必读《老子》原文。又如，历来文家论文之作里头，往往提到神理、气味、格律、声色的话，这些是研究我国文学批评的重要材料，但是放在中学生面前就不免徒乱人意。如果放弃这些，另外找一些明白具体的关于文章理法的普通文字给他们读，他们的解悟该会切实得多。又如，茅盾的长篇小说《子夜》，一般都认为是精密地解剖经济社会的佳作，但是它的组织繁复，范围宽广，中学生读起来，往往不如读组织较简、范围较小的易于透彻领会。依以上所说，可以知道无论古文学、现代文学，有许多是中学生所不必读的。不读那些不必读的，其意义并不等于忽视固有文化与现代人生，也很显然。再说文学的写作，少数中学生或许能够写来很像个样子，但是决不该期望于每一个中学生。这就是说，中学生不必写文学是原则，能够写文学却是例外。据我所知的实际情形，现在教学生专读经史古文的，并不期望学生写来也像经史古文，他们只望学生能写普通的文言，而一般以为现代文学之外别无教材的，却往往存一种奢望，最好学生落笔就是文学的创作。后者的意见，我想是应当修正的。

在初中阶段，虽然也读文学，但是阅读与写作的训练应该偏重在基本方面，以普通文为对象。到了高中阶段，选取教材以文章体制、文学源流、学术思想为纲，对于白话，又规定"应侧重纯文艺作品"，好像是专向文学了，但是基本训练仍旧不可忽略。理由很简单，高中学生与初中学生一样，他们所要阅读的不纯是文学，他们所要写作的并非文学，并且，唯有对于基本训练锲而不舍，熟而成习，接触文学才会左右逢源，头头是道。

我的话到此为止。自觉说得还不够透澈，很感惭愧。

1940 年 8 月 18 日作

原题《对于国文教育的两个基本观念》

略谈学习国文

无论学习什么学科，都该预先认清楚为什么要学习它。认清楚了，一切努力才有目标，有方向，不至于盲目地胡搞一阵。

学生为什么要学习国文呢？这个问题，读者诸君如果没有思考过，请仔细地思考一下。如果已经思考过了，请把思考的结果和后面所说的对照一下，看从中间能不能得到些补充或修正。

学习国文就是学习本国的语言文字。语言人人能说，文字在小学阶段已经学习了好几年，为什么到了中学阶段还要学习？这是因为平常说的语言往往是任意的，不免有粗疏的弊病；有这弊病，便算不得能够尽量运用语言；必须去掉粗疏的弊病，进到精粹的境界，才算能够尽量运用语言。文字和语言一样，内容有深浅的不同，形式有精粗的差别。小学阶段学习的只是些浅的和粗的罢了，如果即此为止，还算不得能够尽量运用文字；必须对于深的和精的也能对付，能驾御，才算能够尽量运用文字。尽量运用语言文字并不是生活上一种奢侈的要求，实在是现代公民所必须具有的一种生活的能力。如果没有这种能力，就是现代公民生活上的缺陷；吃亏的不只是个人，同时也影响到社会。因此，中学阶段必须继续着小学阶段，学习本国的语言文字——学习国文。

语言文字的学习，就理解方面说，是得到一种知识；就运用方面说，是养成一种习惯。这两方面必须联成一贯。就是说，理解是必要的，但是理解之后必须能够运用；知识是必要的，但是这种知识必须成为习惯。语言文字的学习，出发点在"知"，而终极点在"行"；到能够"行"的地步，才算具有这种生活的能力。这是每一个学习国文的人应该记住的。

从国文科，咱们将得到什么知识，养成什么习惯呢？简括地说，只有两项，一项是阅读，又一项是写作。要从国文科得到阅读和写作的知识，养成阅读和写作的习惯。阅读是

"吸收"的事情，从阅读，咱们可以领受人家的经验，接触人家的心情；写作是"发表"的事情，从写作，咱们可以显示自己的经验，吐露自己的心情。在人群中间，经验的授受和心情的交通是最切要的，所以阅读和写作两项也最切要。这两项的知识和习惯，他种学科是不负授与和训练的责任的，这是国文科的专责。每一个学习国文的人应该认清楚：得到阅读和写作的知识，从而养成阅读和写作的习惯，就是学习国文的目标。

知识不能凭空得到，习惯不能凭空养成，必须有所凭借，那凭借就是国文教本。国文教本中排列着一篇篇的文章，使学生试去理解它们，理解不了的，由教师给与帮助（教师不教学生先自设法理解，而只是一篇篇讲给学生听，这并非最妥当的帮助）。从这里，学生得到了阅读的知识，更使学生试去揣摩它们，意念要怎样地结构和表达，才正确而精密，揣摩不出的，由教师给与帮助。从这里，学生得到了写作的知识。如果不试去理解，试去揣摩，只是茫然地今天读一篇朱自清的《背影》，明天读一篇《史记》的《信陵君列传》，那是得不到什么阅读和写作的知识的，国文课也就白上了。

这里有一点必须注意，国文教本为了要供学生试去理解，试去揣摩，分量就不能太多，篇幅也不能太长；太多太长了，不适宜于做细琢细磨的研讨功夫。但是要养成一种习惯，必须经过反复的历练。单凭一部国文教本，是够不上说反复的历练的。所以必须在国文教本以外再看其他的书，越多越好。应用研读国文教本得来的知识，去对付其他的书，这才是反复的历练。

现在有许多学生，除了教本以外，不再接触什么书，这是不对的。为养成阅读的习惯，非多读不可，同时为充实自己的生活，也非多读不可。虽然抗战时期，书不容易买到，买得到的价钱也很贵；但是只要你存心要读，究竟还不至于无书可读。学校图书室中不是多少有一些书吗？图书馆固然不是各地都有，可是民众教育馆不是普遍设立了吗？藏书的人（所藏当然有多有少）不是随处都可以遇见吗？各就自己所好，各就各科学习上的需要，各就解决某项问题的需要，从这些处所借书来读，这是应该而且必须做的。

写作的历练在乎多作，应用从阅读得到的写作知识，认真地作。写作，和阅读比较起来，尤其偏于技术方面。凡是技术，没有不需要反复历练的。学校里的定期作文，因为须估计教师批改的时间和精力，不能把次数规定得太多，每星期作文一次算是最多了。就学生历练方面说，还嫌不够。为养成写作的习惯，非多作不可；同时为适应生活的需要，也非多作不可。作日记，作读书笔记，作记叙生活经验的文章，作发抒内部情思的文章，凡遇有需要写作的机会，决不放过，这也是应该而且必须做的。

1942 年 1 月 1 日发表

《文章例话》序

今年《新少年》杂志创刊，朋友说其中应该有这么一栏，选一些好的文章给少年们读读。这件事由我担任下来，按期选一篇文章，我在后边说些话，栏名叫作《文章展览》。现在汇编成这本小书，才取了《文章例话》的名称。为了切近少年的意趣和观感，我只选现代人的文章。这许多文章中间有些是文艺作品，但是我也把它们看作普通文章，就普通文章的道理跟读者谈谈。——以上是声明的话。

现在我要告诉读者，文章不是吃饱了饭没事做，写来作为消遣的。也不是恐怕被人家认作呆子痴汉，不得不找几句话来说说，然后勉勉强强动笔的。凡是好的文章必然有不得不写的缘故。自己有一种经验，一个意思，觉得它跟寻常的经验和意思有些不同，或者比较新鲜，或者特别深切，值得写下来作为个人生活的记录，将来需用的时候还可以供查考：为了这个缘故，作者才提起笔来写文章。否则就是自己心目中有少数或多数的人，由于彼此之间的关系，必须把经验和意思向他们倾诉：为了这个缘故，作者就提起笔来写文章。前者为的是自己，后者为的是他人，总之都不是笔墨的游戏，无所为的胡作妄为。

学校里有作文的科目。学生本来不想写什么文章，老师给出了个题目，学生就得提起笔来写文章。这并没有不得不写的缘故，似乎近于笔墨游戏，无所为的胡作妄为。但是要知道，学校里作文为的是练习写作，练习就不得不找些题目来写，好比算术课为要练习计算，必须做些应用题目一样。并且，善于教导学生的老师无不深知学生的底细，他出题目总不越出学生的经验和意思的范围之外。学生固然不想写什么文章，可是经老师一提醒，却觉得大有可写了。这样就跟其他作者的写作过程没有什么两样，学生也是为了有可写，需要写，才翻开他的作文本的。

以上的意思为什么必须辨明白？自然因为这是一种正当的写作态度。抱定这种写作态度，就能够辨别什么材料值得写，什么材料却不必徒劳笔墨。同时还能够辨别人家的文章，哪些是合于这种写作态度的，值得阅读，哪些却相去很远，尽不妨搁在一旁。

接着我要告诉读者，写文章不是什么神秘的事儿，艰难的事儿。文章的材料是经验和意思，文章的依据是语言。只要有经验和意思，只要会说话，再加上能识字会写字，这就能够写文章了。岂不是寻常不过容易不过的事儿？所谓好文章，也不过材料选得精当一点儿，话说得确切一点儿周密一点儿罢了。如果为了要写出好文章，而去求经验和意思的精当，语言的确切周密，那当然是本末倒置。但是在实际上，一个人要在社会里有意义地生活，本来必须要求经验和意思的精当，语言的确切周密。那并不为了写文章，为的是生活。凡是经过这样修养的人，往往会觉得有许多文章要写，而写出来的往往是好文章。生活犹如泉源，文章犹如溪流，泉源丰盈，溪流自然活泼泼地昼夜不息。

从前人以为写文章是几个读书人特有的技能，那种技能奥妙难知，几乎跟方士的画符念咒相仿。这种见解必须打破。现在咱们要相信，不论什么人都能写文章。车间里的工人能写文章，田亩间的农人能写文章，铺子里的店员，码头上的装卸工，都能写文章：因为他们各有各的生活。写文章不是生活的点缀和装饰，而就是生活本身。一般人都要识字，都要练习写作，并不是为了给自己捐上一个"读书人"或是"文学家"的头衔，只是为了使自己的生活更见丰富，更见充实。能写文章算不得什么可以夸耀的事儿，不能写文章却是一种缺陷，这种缺陷跟瞎了眼睛聋了耳朵差不多，在生活上有相当大的不利影响。

以上的意思为什么必须辨明白？自然因为这是对于写作训练的一种正当认识。有了这种认识，才可以充分利用写作这一项技能，而不至于做文章的奴隶，一辈子只在文章中间讨生活，或者把文章看得高不可攀，一辈子不敢跟它亲近。

这本小书中选录的二十四篇文章可以作为前面的话的例证。第一，这些文章都不是无聊消遣的游戏笔墨，各篇各有值得一写的价值才写下来的。第二，这些文章都不是魔术那样的特殊把戏，而是作者生活的源泉里流出来的一股活水，所以那样活泼那样自然。我决不说这些文章以外再没有好文章，我只想给读者看看，这样的文章就是好文章了。要写好文章决不是铺一张纸，拿一支笔，摇头摆脑硬想一阵就能办到的事儿：读了这二十四篇之后至少可以悟到这一点。

我在每篇之后加上的一些话，性质并不一致。有的是指出这篇文章的好处，有的是说明这类文章的作法，有的是就全篇说的，有的只说到其中的一部分。读者看了这些话，犹如听老师在讲解之后作一回概说。于是再去读其他文章，眼光就明亮且敏锐，不待别人指点，就能把文章的好处和作法等等看出来。如果文章中有不妥当的地方或者不合法度的地方，自然也能随时看出来，不至于轻轻滑过。这不但有益于眼光，同时也有益于手腕。自己动手写作的时候，什么道路应该遵循，什么毛病必须避免，不是大致也有数了吗？总之，我编这本小书的意思跟认真的老师同其志愿，只希望对读者的阅读和写作方面有些帮助。

末了还得说明，阅读和写作都是人生的一种行为，凡是行为必须养成了习惯才行。譬如坐得正站得直，从生理学的见地看，是有益于健康的。但是决不能每当要坐要站的时候，才想到坐和站的姿势该怎么样。必须养成了坐得正站得直的习惯，连"生理学"和"健康"都不想到，这才可以终身受用。阅读和写作也是这样。临时搬出些知识来，阅读应该怎么样，写作应该怎么样，岂不要把饱满的整段兴致割裂得支离破碎？所以阅读和写作的知识必须化为习惯，在不知不觉之间受用它，那才是真正的受用。读者看这本小书，请不要忘了这一句：养成习惯。

1936 年 12 月 20 日作

单行本于次年 2 月由开明书店出版

署名叶圣陶

略谈学生读书

《北京日报》的编辑同志嘱我作文，谈谈读书。这个题目挺宽，我思力滞钝，视力极差，只能就此刻想到的写一些，以应雅命。

先说各级在校学生读各科的课本。各级学生入学，目的是去受教育，读课本是受教育的一种手段。受教育还有其他手段。看动植矿物标本，做理化实验，参观动物园、植物园、博物馆、科技馆等等，还有工艺实习、植物栽培、动物饲养、出外旅行等活动，就是读课本以外的其他手段，也可以说是读不用文字编写的课本。

读课本切忌只听老师讲而自己少动脑筋，只顾死记硬背。自己动脑筋，多想想课本里说的现象、方法和道理为什么是这样，为什么不是那样，想透了，其乐无穷，课本里讲的东西就是你自己的了，而且能够举一反三。要是只顾死记硬背，就会觉得读课本是一件大苦事。好比欠了一笔债，非偿还不可，即使考试时得了一百分，实际上可能五十分也不值。

学生读不用文字编写的课本也要注重动脑筋，多想想。多想想不会伤害神经，却能随时得到实益。

现在说学生读课外书。有些学校不要学生读课外书，以为学生学好课本还来不及，哪有工夫读什么课外书。我是赞成让学生读课外书的，我想向那些不要学生读课外书的学校请愿，能不能在改革教学方法的前提下，使学生容易而且善于学好课本？如果办得到，学生就有余暇读课外书了。课外书那么多，学生自己能挑选适于自己的程度和爱好的书来读果然好；老师能给他们帮助，因人而施，分别帮助他们挑选那就更好。我想认真负责的老师一定会乐此不疲的。

学生读课外书要注意养成好习惯。先看序文或作者、编者的前言，知道全书的梗概，是好习惯。把全书估计一下，预定分若干日看完，而且果真能按期看完，是好习惯。有不了解处，不怕查工具书，不怕请教老师或朋友，是好习惯。自觉有所得，随手写简要的笔记，是好习惯。其次说不好的习惯。半途而废，以及眼睛在书上，脑子开小差，都非常不好。

1983 年 7 月 15 日作
刊 8 月 5 日《北京日报》
署名叶圣陶

读书不是件容易的小事

:

要认真阅读 / 驱遣我们的想象
训练语感 / 不妨听听别人的话
揣 摩

要认真阅读

文艺鉴赏并不是一桩特别了不起的事，不是只属于读书人或者文学家的事。我们苏州地方流行着一首儿歌：

> 咿呀咿呀踏水车。水车沟里一条蛇，游来游去捉虾蟆。虾蟆躲（原音作"伴"，意义和"躲"相当，可是写不出这个字来）在青草里。青草开花结牡丹。牡丹娘子要嫁人，石榴姊姊做媒人。桃花园里铺"行家"（嫁妆），梅花园里结成亲。……

儿童唱着这个歌，仿佛看见春天田野的景物，一切都活泼而有生趣：水车转动了，蛇游来游去了，青草开花了，牡丹做新娘子了。因而自己也觉得活泼而有生趣，蹦蹦跳跳，宛如郊野中，一匹快乐的小绵羊。这就是文艺鉴赏的初步。

另外有一首民歌，流行的区域大概很广，在一百年前已经有人记录在笔记中间了，产生的时间当然更早。

月儿弯弯照九州。几家欢乐几家愁？

几家夫妇同罗帐？几个飘零在外头？

唱着这个歌，即使并无离别之感的人，也会感到在同样的月光之下，人心的欢乐和哀愁全不一致。如果是独居家中的妇人，孤栖在外的男子，感动当然更深。回想同居的欢乐，更见离别的难堪，虽然头顶上不一定有弯弯的月儿，总不免簌簌地掉下泪来。这些人的感动，也可以说是从文艺鉴赏而来的。

可见文艺鉴赏是谁都有份的。但是要知道，文艺鉴赏不只是这么一回事。

文艺中间讲到一些事物，我们因这些事物而感动，感动以外，不再有别的什么。这样，我们不过处于被动的地位而已。我们应该处于主动的地位，对文艺要研究，考察。它为什么能够感动我们呢？同样讲到这些事物，如果说法变更一下，是不是也能够感动我们呢？这等问题就涉及艺术的范围了。而文艺鉴赏正应该涉及艺术的范围。

在电影场中，往往有一些人为着电影中生离死别的场面而流泪。但是另外一些人觉得这些场面只是全部情节中的片段，并没有什么了不起，反而对于某景物的一个特写、某角色的一个动作点头赞赏不已。这两种人中，显然是后一种人的鉴赏程度比较高。前一种人只被动地着眼于故事，看到生离死别，设身处地一想，就禁不住掉下泪来。后一种人却着眼于艺术，他们看出了一个特写、一个动作对于全部电影所加增的效果。

还就看电影来说。有一些人希望电影把故事交代得清清楚楚，譬如剧中某角色去访朋友，必须看见他从家中出来的一景，再看见他在路上步行或者乘车的一景，再看见他走进朋友家中去的一景，然后满意。如果看见前一景那个角色在自己家里，后一景却和朋友面对面谈话了，他们就要问："他门也没出，怎么一会儿就在朋友家中了？"像这样不预备动一动天君的人，当然谈不到什么鉴赏。

散场的时候，往往有一些人说那个影片好极了，或者说，紧张极了，巧妙极了，可爱极了，有趣极了——总之是一些形容词语。另外一些人却说那个影片不好，或者说，一点不紧凑，一点不巧妙，没有什么可爱，没有什么趣味——总之也还是一些形容词语。像这样只能够说一些形容词语的人，他们的鉴赏程度也有限得很。

文艺鉴赏并不是摊开了两只手，专等文艺给我们一些什么，也不是单凭一时的印象，给文艺加上一些形容词语。

文艺中间讲到一些事物，我们就得问：作者为什么要讲到这些事物？文艺中间描写风景，表达情感，我们就得问：作者这样描写和表达是不是最为有效？我们不但说了个"好"就算，还要说得出好在哪里，不但说了个"不好"就算，还要说得出不好在哪里。这样，才够得上称为文艺鉴赏。这样，从好的文艺得到的感动自然更见深切。文艺方面如果有什么不完美的地方，也会觉察出来，不至于一味照单全收。

鲁迅的《孔乙己》，现在小学高年级和初级中学都选作国语教材，读过的人很多了。匆匆读过的人说："这样一个偷东西被打折了腿的瘪三，写他有什么意思呢？"但是，有耐心去鉴赏的人不这么看，有的说："孔乙己说回字有四样写法，如果作者让孔乙己把四样写法都写出来，那就索然无味了。"有的说："这一篇写的孔乙己，虽然颓唐、下流，却处处要面子，处处显示出他所受的教育给与他的影响，绝不同于一般的瘪三，这是这一篇的出色处。"有一个深深体会了世味的人说："这一篇中，我以为最妙的文字是'孔乙己是这样的使人快活，可是没有他，别人也便这么过。'这个话传达出无可奈何的寂寞之感。这种寂寞之感不只属于这一篇中的酒店小伙计，也普遍属于一般人。'也便这么过'，谁能跳出这寂寞的网罗呢？"

可见文艺鉴赏犹如采矿，你不动手，自然一无所得，只要你动手去采，随时会发现一些晶莹的宝石。

这些晶莹的宝石岂但给你一点赏美的兴趣，并将扩大你的眼光，充实你的经验，使你的思想、情感、意志往更深更高的方面发展。

好的文艺值得一回又一回地阅读，其原由在此。否则明明已经知道那文艺中间讲的是什么事物了，为什么再要反复阅读？

　　另外有一类也称为文艺的东西，粗略地阅读似乎也颇有趣味。例如说一个人为了有个冤家想要报仇，往深山去寻访神仙。神仙访到了，拜求收为徒弟，从他修习剑术。结果剑术练成，只要念念有辞，剑头就放出两道白光，能取人头于数十里之外。于是辞别师父，下山找那冤家，可巧那冤家住在同一的客店里。三更时分，人不知，鬼不觉，剑头的白光不必放到数十里那么长，仅仅通过了几道墙壁，就把那冤家的头取来，藏在作为行李的空皮箱里。深仇既报，这个人不由得仰天大笑。——我们知道现在有一些少年很欢喜阅读这一类东西。如果阅读时候动一动天君，就觉察这只是一串因袭的浮浅的幻想。除了荒诞的传说，世间哪里有什么神仙？除了本身闪烁着寒光，剑头哪里会放出两道白光？结下仇恨，专意取冤家的头，其人的性格何等暴戾？深山里住着神仙，客店里失去头颅，这样的人世何等荒唐？这中间没有真切的人生经验，没有高尚的思想、情感、意志作为骨子。说它是一派胡言，也不算过分。这样一想，就不再认为这一类东西是文艺，不再觉得这一类东西有什么趣味。读了一回，就大呼上当不止。谁高兴再去上第二回当呢？

可见阅读任何东西不可马虎，必须认真。认真阅读的结果，不但随时会发见晶莹的宝石，也随时会发见粗劣的瓦砾。于是收取那些值得取的，排除那些无足取的，自己才会渐渐地成长起来。

取着走马看花的态度的，决谈不到文艺鉴赏。纯处于被动的地位的，也谈不到文艺鉴赏。

要认真阅读。在阅读中要研究、考察。这样才可以走上文艺鉴赏的途径。

1937 年 3 月作

刊于《新少年》

驱遣我们的想象

在原始社会里，文字还没有创造出来，却先有了歌谣一类的东西。这也就是文艺。

文字创造出来以后，人就用它把所见所闻所想所感的一切记录下来。一首歌谣，不但口头唱，还要刻呀，漆呀，把它保留在什么东西上（指使用纸和笔以前的时代而言）。这样，文艺和文字就并了家。后来纸和笔普遍地使用了，而且发明了印刷术。凡是需要记录下来的东西，要多少份就可以有多少份。于是所谓文艺，从外表说，就是一篇稿子，一部书，就是许多文字的集合体。

当然，现在还有许多文盲在唱着未经文字记录的歌谣，像原始社会里的人一样。这些歌谣只要记录下来，就是文字的集合体了。文艺的门类很多，不止歌谣一种。古今属于各种门类的文艺，我们所接触到的，可以说，没有一种不是文字的集合体。

文字是一道桥梁。这边的桥堍站着读者，那边的桥堍站着作者。通过了这一道桥梁，读者才和作者会面。不但会面，并且了解作者的心情，和作者的心情相契合。

先就作者的方面说。文艺的创作决不是随便取许多文字来集合在一起。作者着手创作，必然对于人生先有所见，先有所感。他把这些所见所感写出来，不作抽象的分析，而作具体的描写，不作刻板的记载，而作想象的安排。他准备写的不是普通的论说文、记叙文；他准备写的是文艺。他动手写，不但选择那些最适当的文字，让它们集合起来，还要审查那些写了下来的文字，看有没有应当修改或是增减的。总之，作者想做到的是：写下来的文字正好传达出他的所见所感。

现在就读者的方面说。读者看到的是写在纸面或者印在纸面的文字，但是看到文字并不是他们的目的，他们要通过文字去接触作者的所见所感。

如果不识文字，那自然不必说了。即使识了文字，如果仅能按照字面解释，也接触不到作者的所见所感。王维的一首诗中有这样两句：

大漠孤烟直，
长河落日圆。

大家认为佳句。如果单就字面解释，大漠上一缕孤烟是笔直的，长河背后一轮落日是圆圆的，这有什么意思呢？或者再提出疑问：大漠上也许有几处地方聚集着人，难道不会有几缕的炊烟吗？假使起了风，烟不就曲折了吗？落日固然是圆的，难道朝阳就不圆吗？这样地提问，似乎是在研究，在考察，可是也领会不到这两句诗的意思。要领会这两句诗，得睁开眼睛来看。看到的只是十个文字呀。不错，我该说得清楚一点：在想象中睁开眼睛来，看这十个文字所构成的一幅图画。这幅图画简单得很，景物只选四样，大漠、长河、孤烟、落日，传出北方旷远荒凉的印象。给"孤烟"加上个"直"字，见得没有一丝的风，当然也没有风声，于是更来了个静寂的印象。给"落日"加上个"圆"字，并不是说唯有"落日"才"圆"，而是说"落日"挂在地平线上的时候才见得"圆"。圆圆的一轮"落日"不声不响地衬托在"长河"的背后，这又是多么静寂的境界啊！一个"直"，一个"圆"，在图画方面说起来，都是简单的线条，和那旷远荒凉的大漠、长河、孤烟、落日正相配合，构成通体的一致。

像这样驱遣着想象来看，这一幅图画就显现在眼前了，同时也就接触了作者的意境。读者也许是到过北方的，本来觉得北方的景物旷远、荒凉、静寂，使人怅然凝望。现在读到这两句，领会着作者的意境，宛如听一个朋友说着自己也正要说的话，这是一种愉快。读者也许不曾到过北方，不知道北方的景物是怎样的。现在读到这两句，领会着作者的意境，想象中的眼界就因而扩大了；并且想想这意境多美，这也是一种愉快。假如死盯着文字而不能从文字看出一幅图画来，就感受不到这种愉快了。

上面说的不过是一个例子。这并不是说所有文艺作品都要看作一幅图画，才能够鉴赏。这一点必须弄清楚。

再来看另一些诗句。这是从高尔基的《海燕》里摘录出来的。

白蒙蒙的海面上，风在收集着阴云。在阴云和海的中间，得意洋洋地掠过了海燕……

……

海鸥在暴风雨前头哼着，——哼着，在海面上窜着，愿意把自己对于暴风雨的恐惧藏到海底里去。

潜水鸟也在哼着——它们这些潜水鸟，够不上享受生活的战斗的快乐！轰击的雷声就把它们吓坏了。

蠢笨的企鹅，畏缩地在崖岸底下躲藏着肥胖的身体……

只有高傲的海燕，勇敢地，自由自在地，在泛着白沫的海面上飞掠着。

……

——暴风雨！暴风雨快要爆发了！

勇猛的海燕，在闪电中间，在怒吼的海上，得意洋洋地飞掠着，这胜利的预言者叫了：

——让暴风雨来得厉害些吧！

　　如果单就字面解释，这些诗句说了一些鸟儿在暴风雨之前各自不同的情况，这有什么意思呢？或者进一步追问：当暴风雨将要到来的时候，人忧惧着生产方面的损失以及人事方面的阻障，不是更要感到不安吗？为什么抛开了人不说，却去说一些无关紧要的鸟儿？这样地问着，似乎是在研究，在考察，可是也领会不到这首诗的意思。

　　要领会这首诗，得在想象中生出一对翅膀来，而且展开这对翅膀，跟着海燕"在闪电中间，在怒吼的海上，得意洋洋地飞掠着"。这当儿，就仿佛看见了聚集的阴云，耀眼的闪电，以及汹涌的波浪，就仿佛听见了震耳的雷声，怒号的海啸。同时仿佛体会到，一场暴风雨之后，天地将被洗刷得格外清明，那时候在那格外清明的天地之间飞翔，是一种无可比拟的舒适愉快。"暴风雨有什么可怕呢？迎上前去吧！叫暴风雨快些来吧！让格外清明的天地快些出现吧！"这样的心情自然萌生出来了。回头来看看海鸥、潜水鸟、企鹅那些东西，它们苟安、怕事，只想躲避暴风雨，无异于不愿看见格外清明的天地。于是禁不住激昂地叫道："让暴风雨来得厉害些吧！"

像这样驱遣着想象来看，这才接触到作者的意境。那意境是什么呢？就是不避"生活的战斗"。唯有迎上前去，才够得上"享受生活的战斗的快乐"。读者也许是海鸥、潜水鸟、企鹅似的人物，现在接触到作者的意境：感到海燕的快乐，因而改取海燕的态度，这是一种受用。读者也许本来就是海燕似的人物，现在接触到作者的意境，仿佛听见同伴的高兴的歌唱，因而把自己的态度把握得更坚定，这也是一种受用。假如死盯着文字而不能从文字领会作者的意境，就无从得到这种受用了。

我们鉴赏文艺，最大目的无非是接受美感的经验，得到人生的受用。要达到这个目的，不能够拘泥于文字。必须驱遣我们的想象，才能够通过文字，达到这个目的。

1937 年 3 月作

刊于《新少年》

训练语感

前面说过，要鉴赏文艺，必须驱遣我们的想象。这意思就是：文艺作品往往不是倾筐倒箧地说的，说出来的只是一部分罢了，还有一部分所谓言外之意、弦外之音，没有说出来，必须驱遣我们的想象，才能够领会它。如果拘于有迹象的文字，而抛荒了言外之意、弦外之音，至多只能够鉴赏一半；有时连一半也鉴赏不到，因为那没有说出来的一部分反而是极关重要的一部分。

这一回不说"言外"而说"言内"。这就是语言文字本身所有的意义和情味。鉴赏文艺的人如果对于语言文字的意义和情味不很了了，那就如入宝山空手回，结果将一无所得。

审慎的作家写作，往往斟酌又斟酌，修改又修改，一句一字都不肯随便。无非要找到一些语言文字，意义和情味同他的旨趣恰相贴合，使他的作品真能表达他的旨趣。我们固然不能说所有的文艺作品都能做到这样，可是我们可以说，凡是出色的文艺作品，语言文字必然是作者的旨趣的最贴合的符号。

作者的努力既是从旨趣到符号，读者的努力自然是从符号到旨趣。读者若不能透切地了解语言文字的意义和情味，那就只看见徒有迹象的死板板的符号，怎么能接近作者的旨趣呢？

所以，文艺鉴赏还得从透切地了解语言文字入手。这件事看来似乎浅近，但是最基本的。基本没有弄好，任何高妙的话都谈不到。

陶渊明"好读书不求甚解"，从来传为美谈，因而很有效法他的。我还知道有一些少年看书，遇见不很了了的地方就一眼带过；他们自以为有一宗可靠的经验，只要多遇见几回，不很了了的自然就会了了。其实陶渊明的"好读书不求甚解"究竟是不是胡乱阅读的意思，原来就有问题。至于把不很了了的地方一眼带过，如果成了习惯，将永远不能够从阅读得到多大益处。囫囵吞东西，哪能辨出真滋味来？文艺作品跟寻常读物不同，是非辨出真滋味来不可的。读者必须把捉住语言文字的意义和情味，才有辨出真滋味来——也就是接近作者的旨趣的希望。

要了解语言文字，通常的办法是翻查字典辞典。这是不错的。但是现在许多少年仿佛有这样一种见解：翻查字典辞典只是国文课预习的事情，其他功课就用不到，自动地阅读文艺作品当然更无需那样子。这种见解不免错误。产生这个错误不是没有原由的。其一，除了国文教师以外，所有辅导少年的人都不曾督促少年去利用字典辞典。其二，现在还没有一种适于少年用的比较完善的字典和辞典。虽然有这些原由，但是从原则上说，无论什么人都该把字典辞典作为终身伴侣，以便随时解决语言文字的疑难。字典辞典即使还不完善，能利用总比不利用好。

不过字典辞典的解释，无非取比照的或是说明的办法，究竟和原字原辞不会十分贴合。例如"踌躇"，解作"犹豫"，就是比照的办法；"情操"，解作"最复杂的感情，其发作由于精神的作用，就是爱美和尊重真理的感情"，就是说明的办法。完全不了解什么叫作"踌躇"、什么叫作"情操"的人看了这样的解释，自然能有所了解。但是在文章中间，该用"踌躇"的地方不能换上"犹豫"，该用"情操"的地方也不能拿说明的解释语去替代，可见从意义上、情味上说，原字原辞和字典辞典的解释必然多少有点距离。

不了解一个字一个辞的意义和情味，单靠翻查字典辞典是不够的。必须在日常生活中随时留意，得到真实的经验，对于语言文字才会有正确丰富的了解力。换句话说，对于语言文字才会有灵敏的感觉。这种感觉通常叫作"语感"。

夏丏尊先生在一篇文章里讲到语感，有下面的一节说：

在语感锐敏的人的心里，"赤"不但解作红色，"夜"不但解作昼的反面吧。"田园"不但解作种菜的地方，"春雨"不但解作春天的雨吧。见了"新绿"二字，就会感到希望、自然的化工、少年的气概等等说不尽的旨趣，见了"落叶"二字，就会感到无常、寂寥等等说不尽的意味吧。真的生活在此，真的文学也在此。

夏先生这篇文章提及的那些例子，如果单靠翻查字典，就得不到什么深切的语感。唯有从生活方面去体验，把生活所得的一点一点积聚起来，积聚得越多，了解就越深切。直到自己的语感和作者不相上下，那时候去鉴赏作品，才真能够接近作者的旨趣了。

譬如作者在作品中描写一个人从事劳动，末了说那个人"感到了健康的疲倦"，这是很生动很实感的说法。但在语感欠锐敏的人就不觉得这个说法的有味，他想："疲倦就疲倦了，为什么加上'健康的'这个形容词呢？难道疲倦还有健康的和不健康的分别吗？"另外一个读者却不然了，他自己有过劳动的经验，觉得劳动后的疲倦确然和一味懒散所感到的疲倦不同；一是发皇的、兴奋的，一是萎缩的、萎靡的，前者虽然疲倦但有快感，后者却使四肢百骸都像销融了那样地不舒服。现在看见作者写着"健康的疲倦"，不由得拍手称赏，以为"健康的"这个形容词真有分寸，真不可少，这当儿的疲倦必须称为"健康的疲倦"，才传达出那个人的实感，才引得起读者经历过的同样的实感。

这另外一个读者自然是语感锐敏的人了。他的语感为什么会锐敏？就在乎他有深切的生活经验，他知道同样叫作疲倦的有性质上的差别，他知道劳动后的疲倦怎样适合于"健康的"这个形容词。

看了上面的例子，可见要求语感的锐敏，不能单从语言文字上去揣摩，而要把生活经验联系到语言文字上去。一个人即使不预备鉴赏文艺，也得训练语感，因为这于治事接物都有用处。为了鉴赏文艺，训练语感更是基本的准备。有了这种准备，才可以通过文字的桥梁，和作者的心情相契合。

1937 年 3 月作

刊于《新少年》

不妨听听别人的话

　　鉴赏文艺，要和作者的心情相契合，要通过作者的文字去认识世界，体会人生，当然要靠读者自己的努力。有时候也不妨听听别人的话。别人鉴赏以后的心得不一定就可以转变为我的心得；也许它根本不成为心得，而只是一种错误的见解。可是只要抱着参考的态度，听听别人的话，总不会有什么害处。抱着参考的态度，采取不采取，信从不信从，权柄还是在自己手里。即使别人的话只是一种错误的见解，我不妨把它搁在一旁；而别人有几句话搔着了痒处，我就从此得到了启发，好比推开一扇窗，放眼望出去可以看见许多新鲜的事物。阅读文艺也应该阅读批评文章，理由就在这里。

　　批评的文章有各式各样。或者就作品的内容和形式加以赞美或指摘；或者写自己被作品引起的感想；或者说明这作品应该怎样看法；或者推论这样的作品对于社会会有什么影响。一个文艺阅读者，这些批评的文章都应该看看。虽然并不是所有的批评文章都有价值，但是看看它们，就像同许多朋友一起在那里鉴赏文艺一样，比较独个儿去摸索要多得到一点切磋琢磨的益处和触类旁通的机会。

文艺阅读者最需要看的批评文章是切切实实按照作品说话的那一种。作品好在哪里，不好在哪里；应该怎么看法，为什么；对于社会会有什么影响，为什么。这样明白地说明，当然适于作为参考了。

有一些批评文章却只用许多形容词，如"美丽""雄壮"之类；或者集合若干形容词语，如"光彩焕发，使人目眩""划时代的，出类拔萃的"之类。对于诗歌，这样的批评似乎更常见。从前人论词（从广义说，词也是诗歌），往往说苏、辛豪放，周、姜蕴藉，就是一个例子。这只是读了这四家的词所得的印象而已；为要用语言文字来表达所得的印象，才选用了"豪放"和"蕴藉"两个形容词。"豪放"和"蕴藉"虽然可以从辞典中查出它们的意义来，但是对于这两个形容词的体会未必人人相同，在范围上，在情味上，多少有广狭、轻重的差别。所以，批评家所说的"豪放"和"蕴藉"，不就是读者意念中的"豪放"和"蕴藉"。读者从这种形容词所能得到的帮助很少。要有真切的印象，还得自己去阅读作品。其次，说某人的作品怎样，大抵只是扼要而言，不能够包括净尽。在批评家，选用几个形容词，集合几个形容词语，来批评某个作家的作品，固然是他的自由；可是读者不能够以此自限。如果以此自限，对于某个作家的作品的领会就得打折扣了。

阅读了一篇作品，觉得淡而无味，甚至发生疑问：作者为什么要采集这些材料，写成这篇文章呢？这是读者常有的经验。这当儿，我们不应该就此武断地说，这是一篇要不得的作品，没有道理的作品。我们应该虚心地想，也许是没有把它看懂吧。于是去听听别人的话。听了别人的话，再去看作品，觉得意味深长了；这些材料确然值得采集，这篇文章确然值得写作。这也是读者常有的经验。

我有一位朋友给他的学生选读小说，有一回，他选了日本国木田独步的一篇《疲劳》。这篇小说不过两千字光景，大家认为是国木田独步的佳作。它的内容大略如下：

篇中的主人公叫作大森。时间是五月中旬某一天的午后二时到四时半光景。地点是一家叫作大来馆的旅馆里。譬之于戏剧，这篇小说可以分为两场；前一场是大森和他的客人田浦在房间里谈话；后一场是大森出去了一趟回到房间里之后的情形。

在前一场中，侍女阿清拿了来客中西的名片进来报告说，遵照大森的嘱咐，账房已经把人不在馆里的话回复那个来客了。大森和田浦正要同中西接洽事情，听说已经把他回复了，踌躇起来。于是两个人商量，想把中西叫来；又谈到对付中西的困难，迁就他不好，对他太像煞有介事也不好。最后决定送信到中西的旅馆去，约他明天清早到这里来。大森又准备停会儿先出去会一会与事情有关的骏河台那个角色；当夜还要把叫作泽田的人叫来，叫他把"样本的说明顺序"预备妥当，以便对付中西。

在后一场中，大森从外面回来，疲劳得很，将身横倒在席上，成了个"大"字。侍女报说江上先生那里来了电话。大森勉强起来去接，用威势堂堂的声气回答说：

"那么就请来。"大森"回到房里，又颓然把身子横倒了，闭上眼睛。忽而举起右手，屈指唱着数目，似乎在想什么。过了一会，手'拍'地自然放下，发出大鼾声来，那脸色宛如死人"。

许多学生读了这篇小说，觉得莫名其妙。大森和田浦要同中西接洽什么事情呢？接洽的结果怎样呢？篇中都没有叙明。像这样近乎无头无尾的小说，作者凭什么意思动笔写作呢？

于是我的朋友向学生提示说：

你们要注意，这是工商社会中生活的写生。他们接洽的是什么事情，对于领会这篇小说没有多大关系；单看中间提及"样本的说明顺序"，知道是买卖交易上的事情就够了。在买卖交易上需要这么钩心斗角，斟酌对付，以期占得便宜：这是工商社会的特征。

再看大森和田浦的生活方式，完全是工商社会的：他们在旅馆里开了房间商量事情；那旅馆的电话备有店用的和客用的，足见通话的频繁；午后二时光景住客大都出去了，足见这时候正有许多事情在分头进行。大森在房间里拟的是"电报稿"，用的是"自来水笔"，要知道时间，看的是"案上的金时计"。他不断地吸"纸烟"，才把烟蒂放下，接着又取一支在手；烟灰盆中盛满了埃及卷烟的残蒂。田浦呢，匆忙地查阅"函件"；临走时候，把函件整理好了装进"大皮包"里。这些东西好比戏剧中的"道具"，样样足以显示人物的生活方式。他们在商量事情的当儿，不免由一方传染到对方，大家打着"呵欠"。在唤进侍女来教她发信的当儿，却顺便和她说笑打趣。从这上边，可以见到他们所商量的事情并不是怎样有兴味的。后来大森出去了一趟再回来，横倒在席上，疲劳得连洋服也不耐烦脱换。从这上边可以见到他这一趟出去接洽和商量的事情也不是怎样有兴味的。待他接了江上的电话之后，才在"屈指唱着数目，似乎在想什么"，但是一会儿就入睡了，"脸色宛如死人"。这种生活怎样地使人困倦，也就可想而知了。

领会了这些，再来看作为题目的"疲劳"这个词，不是有画龙点睛的妙处吗？

许多学生听了我的朋友的提示，把这篇小说重读一遍，差不多异口同声地说："原来如此。现在我们觉得这篇小说句句有分量，有交代了。"

1937 年 3 月下旬作
挨次刊《新少年》半月刊 3 卷 1、3、5、7 期
署名圣陶

揣　摩

　　一篇好作品，只读一遍未必能理解得透。要理解得透，必须多揣摩。读过一遍再读第二第三遍，自己提出些问题来自己解答，是有效办法之一。说有效，就是增进理解的意思。

　　空说不如举例。现在举鲁迅的《孔乙己》为例，因为这个短篇大家熟悉。

　　读罢《孔乙己》，就知道用的是第一人称写法。可是篇中的"我"是咸亨酒店的小伙计，并非鲁迅自己，咱们确切知道鲁迅幼年没当过酒店小伙计。这就可以提出个问题：鲁迅为什么要假托这个小伙计，让这个小伙计说孔乙己的故事呢？

　　用第一人称写法说孔乙己，篇中的"我"就是鲁迅自己，这样写未尝不可以，但是写成的小说会是另外一个样子，跟咱们读到的《孔乙己》不一样。大概鲁迅要用最简要的方法，把孔乙己活动的范围限制在酒店里，只从孔乙己到酒店里喝酒这件事上表现孔乙己。那么，能在篇中充当"我"的唯有在场的人。在场的人有孔乙己，有掌柜，有其他酒客，都可以充当篇中的"我"，但是都不合鲁迅的需要，因为他们都是被观察被描写的对象。对于这些对象，须有一个观察他们的人，于是假托一个在场的小伙计，让他来说孔乙己的故事。小伙计说的只限于他在酒店里的所见所闻，可是，如果咱们仔细揣摩，就能从其中得到不少东西。

连带想到的可能是如下的问题：幼年当过酒店小伙计的一个人，忽然说起二十多年前的故事来，是不是有点儿不自然呢？

仔细一看，鲁迅交代清楚了。原来小伙计专管温酒，觉得单调，觉得无聊，"只有孔乙己到店，才可以笑几声，所以至今还记得"。至今还记得，说给人家听听，那是很自然的。

从这儿又可以知道第一、第二两节并非闲笔墨。既然是说当年在酒店里的所见所闻，当然要说一说酒店的大概情况，这就来了第一节。一个十几岁的孩子勉勉强强留在酒店里当小伙计，这也"侍候不了"，那也"干不了"，只好站在炉边温酒，他所感到的单调和无聊可以想见。因此，第二节就少不得。有了这第二节，又在第三节里说"掌柜是一副凶脸孔，主顾也没有好声气"，那么"只有孔乙己到店，才可以笑几声"的经历，自然深印脑筋，历久不忘了。

故事从"才可以笑几声"说起，以下一连串说到笑。孔乙己一到，"所有喝酒的人便都看着他笑"。"众人都哄笑起来，店内外充满了快活的空气"，说了两回。在这些时候，小伙计"可以附和着笑"。掌柜像许多酒客一样，问孔乙己一些话，"引人发笑"。此外还有好几处说到笑，不再列举了。注意到这一点，就会提出这样的问题：这篇小说简直是用"笑"贯穿着的，取义何在呢？

小伙计因为"才可以笑几声"而记住孔乙己，自然用"笑"贯穿着他所说的故事，这是最容易想到的回答，但是不仅如此。

故事里被笑的是孔乙己一个人，其他的人全是笑孔乙己的，这不是表明孔乙己的存在只能作为供人取笑的对象吗？孔乙己有他的悲哀，有他的缺点，他竭力想跟小伙计搭话，他有跟别人交往的殷切愿望。所有在场的人可全不管这些，只是把孔乙己取笑一阵，取得无聊生涯中片刻的快活。这不是表明当时社会里人跟人的关系，冷漠无情到叫人窒息的地步吗？为什么会冷漠无情到这样地步，故事里并没点明，可是咱们从这一点想开去，不是可以想得很多吗？

第九节是这么一句话："孔乙己是这样的使人快活，可是没有他，别人也便这么过。"这句话单独作一节搁在这儿，什么用意呢？

最先想到的回答大概是结束上文。上文说孔乙己到来使酒店里的人怎样怎样快活，这儿结束一下，就说他"是这样的使人快活"，这样回答当然没有错。但是说"可是没有他，别人也便这么过"，又是什么意思呢？这不是说孔乙己来不来，存在不存在，全跟别人没有什么关系吗？别人的生涯反正是无聊，孔乙己来了，把他取笑一阵，仿佛觉得快活，骨子里还是无聊；孔乙己不来，没有取笑的对象，也不过是个无聊罢了，这就叫"也便这么过"。"也便这么过"只五个字，却是全篇气氛的归结语，又妙在确然是小伙计的口吻。当年小伙计在酒店里，专管温酒的无聊职务，不是"也便这么过"吗？

还有不少问题可以提出，现在写一些在这儿。

第一节说酒店的大概情况，点明短衣帮在哪儿喝，穿长衫的在哪儿喝，跟下文哪一处有密切的联系呢？

开始说孔乙己的形象，用"身材很高大；青白脸色，皱纹间时常夹些伤痕；一部乱蓬蓬的花白的胡子"。这些话是仅仅交代形象呢，还是在交代形象之外，还含有旁的意思要咱们自己领会？

为什么"孔乙己一到店，所有喝酒的人便都看着他笑"呢？

孔乙己说的话，别人说的话，都非常简短。他们说这些简短的话的当时，动机是什么，情绪是怎样呢？

孔乙己的话里有"污人清白""窃书""君子固穷""多乎哉？不多也"之类的文言。这除了照实摹写孔乙己的口吻之外，有没有旁的作用呢？

孔乙己到店时候的情形，有泛叙，有特叙，泛叙叙经常的情形，特叙叙某一天的情形。如果着眼在这一点上，是不是可以看出分别用泛叙和特叙的作用呢？

掌柜看孔乙己的账，一次是中秋，一次是年关，一次是第二年的端午，为什么呢？

诸如此类的问题，几乎是提不尽的。

几个人读同一篇作品，各自提出些问题，决不会个个相同。但是可能个个都有价值，足以增进理解。

理解一篇作品，当然着重在它的主要意思，但是主要意思是靠全篇的各个部分烘托出来的，所以各个部分全都不能轻轻放过。体会各个部分，总要不离作品的主要意思，提出来的必须是合情合理的值得揣摩的问题。要是硬找些不相干的问题来抠，那就没有意义了。

1959 年 12 月作

刊于《语文学习》

读书的方法

·····

精读的指导——《精读指导举隅》前言

在指导以前，得先令学生预习。预习原很通行，但是要收到实效，方法必须切实，考查必须认真。现在请把学生应做的预习工作分项说明于下。

一、通读全文

理想的办法，国文教本要有两种本子：一种是不分段落，不加标点的，供学生预习用；一种是分段落，加标点的，待预习过后才拿出来对勘。这当然办不到。可是，不用现成教本而用油印教材的，那就可以在印发的教材上不给分段落，也不给加标点，令学生在预习时候自己用铅笔划分段落，加上标点。到上课时候，由教师或几个学生通读，全班学生静听，各自拿自己预习的成绩来对勘；如果自己有错误，就用墨笔订正。这样，一份油印本就有了两种本子的功用了。现在的书籍报刊都分段落，加标点，从著者方面说，在表达的明确上很有帮助；从读者方面说，阅读起来可以便捷不少。可是，练习精读，这样的本子反而把学者的注意力减轻了。既已分了段落，加了标点，就随便看下去，不再问为什么要这样分，这样点，这是人之常情。在这种常情里，恰恰错过了很重要的练习机会。若要不放过这个机会，唯有令学生用一种只有文字的本子去预习，在怎样分段、怎样标点上用一番心思。预习的成绩当然不免有错误，然而不足为病。除了错误以外，凡是不错误的地方都是细心咬嚼过来的，这将是终身的受用。

假如用的是现成教本，或者虽用油印教材，而觉得只印文字颇有不便之处，那就只得退一步设法，令学生在预习的时候，对于分段标点作一番考核的功夫。为什么在这里而不在那里分段呢？为什么这里该用逗号而那里该用句号呢？为什么这一句该用惊叹号而不该用疑问号呢？这些问题，必须自求解答，说得出个所以然来。还有，现成教本是编辑员的产品，油印教材大都经教师加过工，"智者千虑，必有一失"，岂能完全没有错误？所以，不妨再令学生注意，不必绝对信赖印出来的教本与教材，最要紧的是用自己的眼光通读下去，看看是不是应该这样分段，这样标点。

要考查这一项预习的成绩怎样，得在上课时候指名通读。全班学生也可以借此对勘，订正自己的错误。读法通常分为两种：一种是吟诵，一种是宣读。无论文言白话，都可以用这两种读法来读。文言的吟诵，各地有各地的调子，彼此并不一致；但是都为了传出文字的情趣，畅发读者的感兴。白话一样可以吟诵，大致与话剧演员念台词差不多，按照国语的语音，在抑扬顿挫、表情传神方面多多用功夫，使听者移情动容。现在有些小学校里吟诵白话与吟诵文言差不多，那是把"读"字呆看了。吟诵白话必须按照国语的语音，国语的语音运用得到家，才是白话的最好的吟诵。至于宣读，只是依照对于文字的理解，平正地读下去，用连贯与间歇表示出句子的组织与前句和后句的分界来。这两种读法，宣读是基本的一种；必须理解在先，然后谈得到传出情趣与畅发感兴。并且，要考查学生对于文字理解与否，听他的宣读是最方便的方法。比如《泷冈阡表》的第一句，假如宣读作"呜呼！唯我皇——考崇公卜——吉于泷冈——之六十年，其子修始——克表于其阡，非——敢缓也，盖有待也。"这就显然可以察出，读者对于"皇考""崇公""卜吉""六十年"与"卜吉于泷冈"的关系，"始"字"克"字"表"字及"非"字"敢"字"缓"字缀合在一起的作用，都没有理解。所以，上课时候指名通读，应该用宣读法。

二、认识生字生语

通读全文，在知道文章的大概；可是要能够通读下去没有错误，非先把每一个生字生语弄清楚不可。在一篇文章里，认为生字生语的，各人未必一致，只有各自挑选出来，依赖字典辞典的翻检，得到相当的认识。所谓认识，应该把它解作最广义。仅仅知道生字生语的读音与解释，还不能算充分认识；必须熟习它的用例，知道它在某一种场合才可以用，用在另一种场合就不对了，这才真个认识了。说到字典辞典，我们真惭愧，国文教学的受重视至少有二十年了，可是还没有一本适合学生使用的字典辞典出世。现在所有的，字典脱不了《康熙字典》的窠臼，辞典还是《辞源》称霸，对学习国文的学生都不很相宜。通常英文字典有所谓"求解""作文"两用的，学生学习国文，正需要这一类的国文字典辞典。一方面知道解释，另一方面更知道该怎么使用，这才使翻检者对于生字生语具有彻底的认识。没有这样的字典辞典，学生预习效率就不会很大。但是，使用不完善的工具总比不使用工具强一点；目前既没有更适用的，就只得把属于《康熙字典》系统的字典与称霸当世的《辞源》将就应用。这当儿，教师不得不多费一点心思，指导学生搜集用例，或者搜集了若干用例给学生，使学生自己去发见生字生语的正当用法。

学生预习，通行写笔记，而生字生语的解释往往在笔记里占大部分篇幅。这原是好事情，记录下来，印象自然深一层，并且可以备往后的考查。但是，学生也有不明白写笔记的用意的；他们因为教师要他们交笔记，所以不得不写笔记。于是，有胡乱抄了几条字典辞典的解释就此了事的；有遗漏了真该特别注意的字语而仅就寻常字语解释一下拿来充数的。前者胡乱抄录，未必就是那个字语在本文里的确切意义；后者随意挑选，把应该注意的反而放过了；这对于全文的理解都没有什么帮助。这样的笔记交到教师手里，教师辛辛苦苦地把它看过，还要提起笔来替它订正，实际上对学生没有多大益处，因为学生并没有真预习。所以，须在平时使学生养成一种观念与习惯，就是：生字生语必须依据本文，寻求那个字语的确切意义；又必须依据与本文相类和不相类的若干例子，发见那个字语的正当用法。至于生字生语的挑选，为了防止学生或许会有遗漏，不妨由教师先行尽量提示，指明这一些字语是必须弄清楚的。这样，学生预习才不至于是徒劳，写下来的笔记也不至于是循例的具文。

要考查学生对于生字生语的认识程度怎样，可以看他的笔记，也可以听他的口头回答。比如《泷冈阡表》第一句里"始克表于其阡"的"克"字，如果解作"克服"或"克制"，那显然是没有照顾本文，随便从字典里取了一个解释。如果解作"能够"，那就与本文切合了，可见是用了一番心思的。但是还得进一步研求："克"既然作"能够"解，"始克表于其阡"可不可以写作"始能表于其阡"呢？对于这个问题，如果仅凭直觉回答说，"意思也一样，不过有点不顺适"，那是不够的。这须得研究"克"和"能"的同和异。在古代，"克"与"能"用法是一样的，后来渐渐分化了，"能"字被认为常用字，直到如今；"克"字成为古字，在通常表示"能够"意义的场合上就不大用它，在文句里面，丢开常用字不用，而特地用那同义的古字，除了表示相当意义以外，往往还带着郑重、庄严、虔敬等等情味。"始克表于其阡"一语，用了"能"字的同义古字"克"字，见得作者对于"表于其阡"的事情看得非常郑重，不敢随便着手，这正与全文的情味相应。若作"始能表于其阡"，就没有那种情味，仅仅表明方始"能够"表于其阡而已。所以直觉地看，也辨得出它有点不顺适了。再看这一篇里，用"能"字的地方很不少，如"吾何恃而能自守邪""然知汝父之能养也""吾不能知汝之必有立""故能详也""吾儿不能苟合于世""汝能安之"。这几个"能"字，作者都不换用"克"字，因为这些语句都是传述母亲的话，无须带着郑重、庄严、虔敬等等情味；并且，用那常用的"能"字，正切近于语言的自然。用这一层来反证，更可以见得"始克表于其阡"的"克"字，如前面所说，是为着它有特别作用才用了的。——像这样的讨究，学生预习时候未必人人都做得来；教师在上课时候说给他们听，也嫌烦琐一点。但是简单扼要地告诉他们，使他们心知其故，还是必需的。

学生认识生字生语，往往有模糊笼统的毛病，用句成语来说，就是"不求甚解"。曾见作文本上有"笑颜逐开"四字，这显然是没有弄清楚"笑逐颜开"究竟是什么意义，只知道在说到欢笑的地方仿佛有这么四个字可以用，结果却把"逐颜"两字写颠倒了。又曾见"万卷空巷"四字，单看这四个字，谁也猜不出是什么意义；但是连着上下文一起看，就知道原来是"万人空巷"；把"人"字忘记了，不得不找一个字来凑数，而"卷"字与"巷"字字形相近，因"巷"字想到"卷"字，就写上了"卷"字。这种错误全由于当初认识的时候太疏忽了，意义不曾辨明，语序不曾念熟，怎得不闹笑话？所以令学生预习，必须使他们不犯模糊笼统的毛病；像初见一个生人一样，一见面就得看清他的形貌，问清他的姓名职业。这样成为习惯，然后每认识一个生字生语，好像积钱似的，多积一个就多加一分财富的总量。

三、解答教师所提示的问题

一篇文章，可以从不同的观点去研究它。如作者意念发展的线索，文章的时代背景，技术方面布置与剪裁的匠心，客观上的优点与疵病，这些就是所谓不同的观点。对于每一个观点，都可以提出问题，令学生在预习的时候寻求解答。如果学生能够解答得大致不错，那就真个做到了"精读"两字了——"精读"的"读"字原不是仅指"吟诵"与"宣读"而言的。比较艰深或枝节的问题，估计起来不是学生所必须知道的，当然不必提出。但是，学生应该知道而未必能自行解答的，却不妨预先提出，让他们去动一动天君，查一查可能查到的参考书。他们经过了自己的一番摸索，或者是略有解悟，或者是不得要领，或者是全盘错误，这当儿再来听教师的指导，印入与理解的程度一定比较深切。最坏的情形是指导者与领受者彼此不相应，指导者只认领受者是一个空袋子，不问情由把一些叫作知识的东西装进去。空袋子里装东西进去，还可以容受；完全不接头的头脑里装知识进去，能不能容受却是说不定的。

这一项预习的成绩，自然也得写成笔记，以便上课讨论有所依据，往后更可以复按、查考。但是，笔记有敷衍了事的，有精心撰写的。随便从本文里摘出一句或几句话来，就算是"全文大意"与"段落大意"；不赅不备地列几个项目，挂几条线，就算是"表解"；没有说明，仅仅抄录几行文字，就算是"摘录佳句"；这就是敷衍了事的笔记。这种笔记，即使每读一篇文字都做，做上三年六年，实际上还是没有什么好处。所以说，要学生做笔记自然是好的，但是仅仅交得出一本笔记，这只是形式上的事情，要希望收到实效，还不得不督促学生凡作笔记务须精心撰写。所谓精心撰写也不须求其过高过深，只要写下来的东西真是他们自己参考与思索得来的结果，就好了。参考要有路径，思索要有方法，这不单是知识方面的事，而且是习惯方面的事。习惯的养成在教师的训练与指导。学生拿了一篇文章来预习，往往觉得茫然无从下手。教师要训练他们去参考，指导他们去思索，最好给他们一种具体的提示。比如读《泷冈阡表》，这一篇是作者叙述他的父亲，就可以教他们取相类的文章归有光的《先妣事略》来参考，看两篇的取材与立意上有没有异同；如果有的话，为什么有。又如《泷冈阡表》里有叙述赠封三代的一段文字，好像很啰唆，就可以教他们从全篇的立意上思索，看这一段文字是不是不可少的；如果不可少的话，为什么不可少。这样具体地给他们提示，他们就不至于茫然无从下手，多少总会得到一点成绩。时时这样具体地给他们提示，他们参考与思索的习惯渐渐养成，写下来的笔记再也不会是敷衍了事的了。即使所得的解答完全错误，但是在这以后得到教师或同学的纠正，一定更容易心领神会了。

上课时候令学生讨论，由教师做主席、评判人与订正人，这是很通行的办法。但是讨论要进行得有意义，第一要学生在预习的时候准备得充分，如果准备不充分，往往会与虚应故事的集会一样，或是等了好久没有一个人开口，或是有人开口了只说一些不关痛痒的话。教师在无可奈何的情形之下，只得不再要学生发表什么，只得自己一个人滔滔汩汩地讲下去。这就完全不合讨论的宗旨了。第二还得在平时养成学生讨论问题、发表意见的习惯。听取人家的话，评判人家的话，用不多不少的话表白自己的意见，用平心静气的态度比勘自己的与人家的意见，这些都要历练的。如果没有历练，虽然胸中仿佛有一点儿准备，临到讨论是不一定敢于发表的。这种习惯的养成不仅是国文教师的事情，所有教师都得负责。不然，学生成为只能听讲的被动人物，任何功课的进步至少要减少一半。——学生事前既有充分的准备，平时又有讨论的习惯，临到讨论才会人人发表意见，不至于老是某几个人开口；所发表的意见又都切合着问题，不至于胡扯乱说，全不着拍。这样的讨论，在实际的国文教室里似乎还不易见到；然而要做到名副其实的讨论，却非这样不可。

讨论进行的当儿，有错误给与纠正，有疏漏给与补充，有疑难给与阐明，虽说全班学生都有份儿，但是最后的责任还在教师方面。教师自当抱着客观的态度，就国文教学应有的观点说话。现在已经规定要读白话了，如果还说白话淡而无味，没有读的必要；或者教师自己偏爱某一体文字，就说除了那一体文字都不值一读；就都未免偏于主观，违背了国文教学应有的观点了。讲起来，滔滔汩汩连续到三十五十分钟，往往不及简单扼要讲这么五分十分钟容易使学生印入得深切。即使教材特别繁复，非滔滔汩汩连续到三十五十分钟不可，也得在发挥完毕的时候，给学生一个简明的提要。学生凭这个提要，再去回味那滔滔汩汩的讲说，就好像有了一条索子，把散开的钱都穿起来了。这种简明的提要，当然要让学生写在笔记本上；尤其重要的是写在他们心上，让他们牢牢记住。

课内指导之后，为求涵咀得深，研讨得熟，不能就此过去，还得有几项事情要做。现在请把学生应做的练习工作分项说明如下。

（一）吟诵

在教室内通读，该用宣读法，前面已经说过。讨究完毕以后，学生对于文章的细微曲折之处都弄清楚了，就不妨指名吟诵。或者先由教师吟诵，再令学生仿读。自修的时候，尤其应该吟诵；只要声音低一点，不妨碍他人的自修。原来国文和英文一样，是语文学科，不该只用心与眼来学习；须在心与眼之外，加用口与耳才好。吟诵就是心、眼、口、耳并用的一种学习方法。从前人读书，多数不注重内容与理法的讨究，单在吟诵上用功夫，这自然不是好办法。现在国文教学，在内容与理法的讨究上比从前注重多了；可是学生吟诵的工夫太少，多数只是看看而已。这又是偏向了一面，丢开了一面。唯有不忽略讨究，也不忽略吟诵，那才全而不偏。吟诵的时候，对于讨究所得的不仅理智地了解，而且亲切地体会，不知不觉之间，内容与理法化而为读者自己的东西了，这是最可贵的一种境界。学习语文学科，必须达到这种境界才会终身受用不尽。

一般的见解，往往以为文言可以吟诵，白话就没有吟诵的必要。这是不对的。只要看戏剧学校与认真演习的话剧团体，他们练习一句台词，不惜反复订正，再四念诵，就可以知道白话的吟诵也大有讲究。多数学生写的白话为什么看起来还过得去，读起来就少生气呢？原因就在他们对于白话仅用了心与眼，而没有在口与耳方面多用功夫。多数学生登台演说，为什么有时意思还不错，可是语句往往杂乱无次，语调往往不合要求呢？原因就在平时对语言既没有训练，国文课内对于白话又没有好好儿吟诵。所以这里要特别提出，白话是与文言一样需要吟诵的。白话与文言都是语文，要亲切地体会白话与文言的种种方面，都必须化一番功夫去吟诵。

吟诵的语调，有客观的规律。语调的差别，不外乎高低、强弱、缓急三类。高低是从声带的张弛而来的分别；强弱是从肺部发出空气的多少而来的分别；缓急是声音与时间的关系。在一段时间内，发音数少是缓，发音数多就是急。吟诵一篇文章，无非依据对于文章的了解与体会，错综地使用这三类语调而已。大概文句之中的特别主眼，或是前后的词彼此关联照应的，发声都得高一点。就一句来说，如意义未完的文句，命令或呼叫的文句，疑问或惊讶的文句，都得前低后高；意义完足的文句，祈求或感激的文句，都得前高后低。再说强弱：表示悲壮、快活、叱责或慷慨的文句，句的头部宜加强；表示不平、热诚或确信的文句，句的尾部宜加强；表示庄重、满足或优美的文句，句的中部宜加强。再说缓急：含有庄重、畏敬、谨慎、沉郁、悲哀、仁慈、疑惑等等情味的文句，须得缓读；含有快活、确信、愤怒、惊愕、恐怖、怨恨等等情味的文句，须得急读。以上这些规律，都应合着文字所表达的意义与情感，所以依照规律吟诵，最合于语言的自然。上面所说的三类声调，可以用符号来表示，如把"·"作为这个字发声须高一点的符号，把"◁"作为这一句该前低后高的符号，把"▷"作为这一句该前高后低的符号，把"＞"作为句的头部宜加强的符号，把"＜"作为句的尾部宜加强的符号，把"〈〉"作为句的中部宜加强的符号，把"—"作为急读的符号，把"——"作为缓读的符号，把"～～～"作为不但缓读而且须摇曳生姿的符号。在文字上记上符号，练习吟诵就不至于漫无凭依。符号当然可以随意规定，多少也没有限制，但是应用符号总是对教学有帮助的。

吟诵第一求其合于规律，第二求其通体纯熟。从前书塾里读书，学生为了要早一点到教师跟前去背诵，往往把字句勉强记住。这样强记的办法是要不得的，不久连字句都忘记了，还哪里说得上体会？令学生吟诵，要使他们看作一种享受而不看作一种负担。一遍比一遍读来入调，一遍比一遍体会亲切，并不希望早一点能够背诵，而自然达到纯熟的境界。抱着这样享受的态度是吟诵最易得益的途径。

（二）参读相关的文章

精读文章，每学年至多不过六七十篇。初中三年，所读仅有两百篇光景，再加上高中三年，也只有四百篇罢了。倘若死守着这几百篇文章，不用旁的文章来比勘、印证，就难免化不开来，难免知其一不知其二。所以，精读文章，只能把它认作例子与出发点；既已熟习了例子，占定了出发点，就得推广开来，阅读略读书籍，参读相关文章。这里不谈略读书籍，单说所谓相关文章。比如读了某一体文章，而某一体文章很多，手法未必一样，大同之中不能没有小异；必须多多接触，方能普遍领会某一体文章的各方面。或者手法相同，而相同之中不能没有个优劣得失；必须多多比较，方能进一步领会优劣得失的所以然。并且，课内精读文章是用细琢细磨的功夫来研讨的；而阅读的练习，不但求其理解明确，还须求其下手敏捷，老是这样细磨细琢，一篇文章研讨到三四个钟头，是不行的。参读相关文章就可以在敏捷上历练；能够花一两个钟头把一篇文章弄清楚固然好，更敏捷一点只花半个钟头一个钟头尤其好。参读的文章既与精读文章相关，怎样剖析，怎样处理，已经在课内受到了训练，求其敏捷当然是可能的。这种相关文章可以从古今"类选""类纂"一类的书本里去找。学生不能自己置备，学校的图书室不妨多多陈列，供给学生随时参读。

请再说另一种意义的相关文章。夏丏尊先生在一篇说给中学生听的题目叫作《阅读什么》的演讲辞里，有以下的话：

诸君在国文教科书里读到了一篇陶潜的《桃花源记》，……这篇文字是晋朝人做的，如果诸君觉得和别时代人所写的情味有些两样，要想知道晋代文的情形，就会去翻中国文学史；这时文学史就成了诸君的参考书。这篇文字里所写的是一种乌托邦思想，诸君平日因了师友的指教，知道英国有一位名叫马列斯的社会思想家，写过一本《理想乡消息》，和陶潜所写的性质相近，拿来比较；

这时《理想乡消息》就成了诸君的参考书。这篇文字是属于记叙一类的，诸君如果想明白记叙文的格式，去翻看记叙文作法；这时记叙文作法就成了诸君的参考书。还有，这篇文字的作者叫陶潜，诸君如果想知道他的为人，去翻《晋书·陶潜传》或陶集；这时《晋书》或陶集就成了诸君的参考书。

这一段演讲里的参考书就是这里所谓另一种意义的相关文章。像这样把精读文章作为出发点，向四面八方发展开来，那么，精读了一篇文章，就可以带读许多书，知解与领会的范围将扩张到多么大啊！学问家的广博与精深差不多都从这个途径得来。中学生虽不一定要成学问家，但是这个有利的途径是该让他们去走的。

其次，关于语调与语文法的揣摩，都是愈熟愈好。精读文章既已到了纯熟的地步，再取语调与语文法相类似的文章来阅读，纯熟的程度自然更进一步。小孩子学说话，能够渐渐纯熟而没有错误，不单是从父母方面学来的；他从所有接触的人方面去学习，才会成功。在精读文章以外，再令读一些相类似的文章，比之于小孩子学说话，就是要他们从所有接触的人方面去学习。

（三）应对教师的考问

学生应对考问是很通常的事情，但是对于应对考问的态度未必一致。有尽其所知所能，认真应对的；有不负责任，敷衍应对的；有提心吊胆，战战兢兢地只着眼于分数的多少的。以上几种态度，自然第一种最可取。把所知所能尽量拿出来，教师就有了确实的凭据，知道哪一方面已经可以了，哪一方面还得督促。考问之后，教师按成绩记下分数；分数原是备稽考的，分数多不是奖励，分数少也不是惩罚，分数少到不及格，那就是学习成绩太差，非赶紧努力不可。这一层，学生必须明白认识。否则误认努力学习只是为了分数，把切己的事情看作身外的事情，就是根本观念错误了。

教师记下了分数，当然不是指导的终结，而是加工的开始。对于不及格的学生，尤须设法给他们个别的帮助。分数少一点本来没有什么要紧；但是分数少正表明学习成绩差，这是热诚的教师所放心不下的。

考查的方法很多，如背诵、默写、简缩、扩大、摘举大意、分段述要、说明作法、述说印象，也举不尽许多，这里不想逐项细说，只说一个消极的原则，就是：不足以看出学生学习成绩的考问方法最好不要用。比如教了《泷冈阡表》之后，考问学生说，"欧阳修的父亲做过什么官？"这就是个不很有意义的考问。文章里明明写着"为道州判官，泗绵二州推官，又为泰州判官"，学生精读了一阵，连这一点也不记得，还说得上精读吗？学生回答得出这样的问题，也无从看出他的学习成绩好到怎样，所以说它不很有意义。

考问往往在精读一篇文章完毕或者月考期考的时候举行；除此之外，通常不再顾及，一篇文章讨究完毕就交代过去了。这似乎不很妥当。从前书塾里读书，既要知新，又要温故，在学习的过程中，匀出一段时间来温理以前读过的，这是个很好的办法。现在教学国文，应该采取它。在精读几篇文章之后，且不要上新的；把以前读过的温理一下，回味那已有的了解与体会，更寻求那新生的了解与体会，效益决不会比上一篇新的来得少。这一点很值得注意。所以附带在这里说一说。

《精读指导举隅》由叶圣陶与朱自清分篇合作

此前言为叶圣陶于 1940 年 9 月 17 日作

略读的指导——《略读指导举隅》前言

国文教学的目标，在养成阅读书籍的习惯，培植欣赏文学的能力，训练写作文字的技能。这些事不能凭空着手，都得有所凭借。凭借什么？就是课本或选文。有了课本或选文，然后养成、培植、训练的工作得以着手。课本里所收的，选文中入选的，都是单篇短什，没有长篇巨著。这并不是说学生读了一些单篇短什就足够了。只因单篇短什分量不多，要做细磨细琢的研读功夫，正宜从此入手，一篇读毕，又读一篇，涉及的方面既不嫌偏颇，阅读的兴趣也不致单调；所以取作"精读"的教材。学生从精读方面得到种种经验，应用这些经验，自己去读长篇巨著以及其他的单篇短什，不再需要教师的详细指导，这就是"略读"。就教学而言，精读是主体，略读只是补充；但是就效果而言，精读是准备，略读才是应用。学生在校的时候，为了需要与兴趣，须在课本或选文以外阅读旁的书籍文章；他日出校之后，为了需要与兴趣，一辈子须阅读各种书籍文章；这种阅读都是所谓应用。使学生在这方面打定根基，养成习惯，全在国文课的略读。如果只注意于精读，而忽略了略读，功夫便只做得一半，其弊害是想象得到的。学生遇到需要阅读的书籍文章，也许会因没有教师在旁作精读那样的详细指导，而致无所措手。现在一般学校，忽略了略读的似乎不少，这是必须改正的。

略读不再需要教师的详细指导，并不等于说不需要教师的指导。各种学科的教学都一样，无非教师帮着学生学习的一串过程。略读是国文课程标准里面规定的正项工作，哪有不需要教师指导之理？不过略读指导与精读指导不同。精读指导必须纤屑不遗，发挥净尽；略读指导却需提纲挈领，期其自得。何以需提纲挈领？唯恐学生对于当前的书籍文章摸不到门径，辨不清路向，马马虎虎读下去，结果所得很少。何以不必纤屑不遗？因为这一套功夫在精读方面已经训练过了，照理说，该能应用于任何时候的阅读；现在让学生在略读时候应用，正是练习的好机会。学生从精读而略读，譬如孩子学走路，起初由大人扶着牵着，渐渐地大人把手放了，只在旁边遮拦着，替他规定路向，防他偶或跌跤。大人在旁边遮拦着，正与扶着牵着一样的需要当心；其目的唯在孩子步履纯熟，能够自由走路。精读的时候，教师给学生纤屑不遗的指导，略读的时候，更给学生提纲挈领的指导，其目的唯在学生习惯养成，能够自由阅读。

　　仅仅对学生说，你们随便去找一些书籍文章来读，读得越多越好，这当然算不得略读指导。就是斟酌周详，开列个适当的书目篇目，教学生自己照着去阅读，也还算不得略读指导。因为开列目录只是阅读以前的事，在阅读一事的本身，教师没有给一点帮助，就等于没有指导。略读如果只任学生自己去着手，而不给他们一点指导，很容易使学生在观念上发生误会，以为略读只是"粗略地"阅读，甚而至于是"忽略地"阅读；而在实际上，他们也就"粗略地"甚而至于"忽略地"阅读，就此了事。这是非常要不得的，积久养成不良习惯，就终身不能从阅读方面得到多大的实益。略读的"略"字，一半系就教师的指导而言：还是要指导，但是只须提纲挈领，不必纤屑不遗，所以叫作"略"。一半系就学生的功夫而言：还是要像精读那样仔细咬嚼，但是精读时候出于努力钻研，从困勉达到解悟，略读时候却已熟能生巧，不需多用心力，自会随机肆应，所以叫作"略"。无论教师与学生都须认清楚这个意思，在实践方面又须各如其分，做得到家，略读一事才会收到它预期的效果。

略读既须由教师指导，自宜与精读一样，全班学生用同一的教材。假如一班学生同时略读几种书籍，教师就不便在课内指导；指导了略读某种书籍的一部分学生，必致抛荒了略读别种书籍的另一部分学生。各部分轮流指导固也可以，但是每周略读指导的时间至多也只能有两小时，各部分轮流下来，必致每部分都非常简略。况且同学间的共同讨论是很有帮助于阅读能力的长进的，也必须阅读同一的书籍才便于共同讨论。一个学期中间，为求精详周到起见，略读书籍的数量不宜太多，大约有二三种也就可以了。好在略读与精读一样，选定一些教材来读，无非"举一隅"的性质，都希望学生从此学得方法，养成习惯，自己去"以三隅反"；故数量虽少，并不妨事。学生如果在略读教材之外，更就兴趣选读旁的书籍，那自然是值得奖励的；并且希望能够普遍地这么做。或许有人要说，略读同一的教材，似乎不能顾到全班学生的能力与兴趣，其实这不成问题。精读可以用同一的教材，为什么略读就不能？班级制度的一切办法，总之以中材为标准；凡是忠于职务，深知学生的教师，必能选取适合于中材的教材，供学生略读；这就没有能力够不够的问题。同时，所取教材必能不但适应学生的一般兴趣，并且切合教育的中心意义；这就没有兴趣合不合的问题。所以，略读同一的教材是无弊的，只要教师能够忠于职务，能够深知学生。

课内略读指导，包括阅读以前对于选定教材的阅读方法的提示，及阅读以后对于阅读结果的报告与讨论。作报告与讨论的虽是学生，但是审核他们的报告，主持他们的讨论，仍是教师的事；其间自不免有需要订正与补充的地方，所以还是指导。略读教材若是整部的书，每一堂略读课内令学生报告并讨论阅读那部书某一部分的实际经验；待全书读毕，然后令作关于全书的总报告与总讨论。至于实际阅读，当然在课外。学生课外时间有限，能够用来自修的，每天至多不过四小时。在这四小时内，除了温理旁的功课，作旁的功课的练习与笔记外，分配到国文课的自修的，至多也不过一小时。一小时够少了，而精读方面也得自修、预习、复习、诵读、练习，这些都是非做不可的；故每天的略读时间至多只能有半小时。每天半小时，一周便是三小时（除去星期放假）。每学期上课时间以二十周计，略读时间仅有六十小时。在这六十小时内，如前面所说的，要阅读二三种书籍，篇幅太多的自不相宜；如果选定的书正是篇幅太多的，那只得删去若干，选读它的一部分。不然，分量太多，时间不够，学生阅读势必粗略，甚而至于忽略；或者有始无终，没有读到完篇就丢开；这就会养成不良习惯，为终身之累。所以漫无计算是要不得的。与其贪多务广，以致发生流弊，不如预作精密估计，务使在短少时间之内把指定的教材读完，而且把应做的工作都做到家，绝不草率从事，借此养成阅读的优良习惯，来得有益得多。学生有个很长的暑假，又有个相当长的寒假；在这两个假期内，可以自由阅读很多的书。如果略读时候养成了优良习惯，到暑假寒假期间，各就自己的需要与兴趣去多多阅读，那一定比不经略读的训练多得吸收的实效。归结起来说，就是：略读的分量不宜过多，必须顾到学生能用上的时间；多多阅读固宜奖励，但是得为时间所许可，故以利用暑假寒假最为适当。

书籍的性质不一，因而略读指导的方法也不能一概而论。就一般说，在阅读以前应该指导的有以下各项。

一、版本指导

一种书往往有许多版本。从前是木刻，现在是排印。在初刻初排的时候或许就有了错误，随后几经重刻重排，又不免辗转发生错误；也有逐渐的增补或订正。读者读一本书，总希望得到最合于原稿的，或最为作者自己惬意的本子；因为唯有读这样的本子才可以完全窥见作者的思想感情，没有一点含糊。学生所见不广，刚与一种书接触，当然不会知道哪种本子较好；这须待教师给他们指导。现在求书不易，有书可读便是幸事，更谈不到取得较好的本子。正唯如此，这种指导更不可少；哪种本子校勘最精审，哪种本子是作者的最后修订稿，都得给他们说明，使他们遇到那些本子的时候，可以取来复按、对比。还有，这些书经各家的批评或注释，每一家的批评或注释自成一种本子，这中间也就有了优劣得失的分别。其需要指导，理由与前说相同。总之，这方面的指导，宜运用校勘家、目录家的知识，而以国文教学的观点来范围它。学生受了这样的熏陶，将来读书不但知道求好书，并且能够抉择好本子，那是受用无穷的。

二、序目指导

读书先看序文，是一种好习惯。学生拿到一部书，往往立刻看本文，或者挑中间有趣味的部分来看，对于序文，认为与本文没有关系似的，这是因为不知道序文很关重要的缘故。序文的性质常常是全书的提要或批评，先看一遍，至少对于全书有个概括的印象或衡量的标准；然后阅读全书，就不至于茫无头绪。通常读书，其提要或批评不在本书而在旁的地方的，尚且要找来先看；对于具有提要或批评的性质的本书序文，怎能忽略过去？所以在略读的时候，必须教学生先看序文，养成他们的习惯。序文的重要程度，各书并不一致。属于作者的序文，若是说明本书的作意、取材、组织等项的，那无异于"编辑大意""编辑例言"，借此可以知道本书的规模，自属非常重要。有些作者在本文之前作一篇较长的序文，其内容并不是本文的提要，却是阅读本文的准备知识，犹如津梁或门径，必须通过这一关才可以涉及本文；那就是"导言"的性质，重要程度也高。属于编订者或作者师友所作的序文，若是说明编订的方法，抉出全书的要旨，评论全书的得失的，都与了解全书直接有关，重要也不在上面所说的作者自序之下。无论作者自作或他人所作的序文，有些仅仅叙一点因缘，说一点感想，与全书内容关涉很少；那种序文的本身也许是一篇好文字，对于读者就比较不重要了。至于他人所作的序文，有专事赞扬而过了分寸的，有很想发挥而不得要领的；那种序文实际上很不少，诗文集中尤其多，简直可以不必看。教师指导，要教学生先看序文，更要审查序文的重要程度，与以相当的提示，使他们知道注意之点与需要注意力的多少。若是无关紧要的序文，自然不叫他们看，以免浪费时力。

目录表示本书的眉目，也具有提要的性质。所以也须养成学生先看目录的习惯。有些书籍，固然须顺次读下去，不读第一卷就无从着手第二卷。有些书籍却不然，全书分作许多部分，各部分自为起讫，其前后排列或仅大概以类相从，或仅依据撰作的年月，或竟完全出于编排时候的偶然；对于那样的书籍，就不必顺次读下去；可以打乱全书的次第，把有关某一方面的各卷各篇聚在一起读。读过以后，再把有关其他方面的各卷各篇聚在一起读，或许更比顺次读下去方便且有效得多。要把有关的各卷各篇聚在一起，就更有先看目录的必要。又如选定教材若是长篇小说，假定是《水浒》，因为分量太多，时间不够，不能通体略读，只好选读它的一部分，如写林冲或武松的几回。要知道哪几回是写林冲或武松的，也得先看目录。又如选定教材的篇目若是非常简略，而其书又适宜于不按照次第来读的，假定是《孟子》，那就在篇目之外，最好先看赵岐的"章指"。"章指"并不编列在目录的地位，用心的读者不妨抄录二百几十章的"章指"，当它是个详细的目录提要。有了这样详细的目录提要，因阅读的目标不同，就可以把二百几十章作种种的组合，为某一目标取某一组合来精心钻研。目录的作用当然还有，可以类推，不再详说。教师指导的时候，务须相机提示，使学生能够充分利用目录。

三、参考书籍指导

参考书籍，包括关于文字的音义，典故成语的来历等所谓工具书，以及与所读书有关的必须借彼而后明此的那些书籍。从小的方面说，阅读一书而求其彻底了解，从大的方面说，做一种专门研究，要从古今人许多经验中得到一种新的发现，一种系统的知识，都必须广博地翻检参考书籍。一般学生读书，往往连字典词典也懒得翻，更不用说跑进图书室去查阅有关书籍了。这种"读书不求甚解"的态度，一时未尝不可马虎过去；但是这就成了终身的病根，将不能从阅读方面得到多大益处；若做专门研究工作，更难有满意的成就。所以，利用参考书籍的习惯，必须在学习国文的时候养成。精读方面要多多参考，略读方面还是要多多参考。起初，学生必嫌麻烦，这要翻检，那要搜寻，不如直接读下去来得爽快；但是渐渐成了习惯，就觉得必须这样多多参考，才可以透彻地了解所读的书，其味道的深长远胜于"不求甚解"；那时候，让他们"不求甚解"也不愿意了。

国文课内指导参考书籍，当然不能如专家做研究工作一样，搜罗务求广博，凡有一语一条用得到的材料都舍不得放弃，开列个很长的书目。第一，须顾到学生的能力。参考书籍用来帮助理解本书，若比本书艰深，非学生能力所能利用，虽属重要，也只得放弃。譬如阅读某一书，须做关于史事的参考，与其教学生查《二十四史》，不如教他们翻一部近人所编的通史；再退一步，不如教他们看他们所读的历史课本。因为通史与历史课本的编辑方法适合于他们的理解能力；而《二十四史》本身还只是一堆材料，要在短时期间从中得到关于一件史事的概要，事实上不可能。曾见一些热心的教师给学生开参考书目，把自己所知道的，巨细不遗，逐一开列，结果是洋洋大观，学生见了唯有望洋兴叹；有些学生果真去按目参考，又大半不能理解，有参考之名，无参考之实。这就是以教师自己为本位，忽略了学生能力的弊病。第二，须顾到图书室的设备。教师提示的书籍，学生从图书室立刻可以检到，既不耽误工夫，且易引起兴趣。如果那参考书的确必要，又为学生的能力所能利用，而图书室没有，学生只能以记忆书名了事，那就在阅读上短少了一分努力，在训练上错过了一个机会。因此。消极的办法，教师提示参考书籍，应以图书室所具备的为限；积极的办法，就得促图书室有计划地采购图书——各科至少有最低限度的必要参考书籍，国文科方面当然要有它的一份。这件事很值得提倡。现在一般学校，不是因经费不足，很少买书，就是因偶然的机遇与教师的嗜好，随便买书；有计划地为供学生参考而采购的，似乎还不多见。还有个补救的办法，图书室没有那种书籍，而地方图书馆或私家藏书却有，教师不妨指引学生去借来参考。

图书室购备参考书籍，即使有复本，也不过两三本；一班学生同时要拿来参考，势必争先恐后，后拿到手的，已经浪费了许多时间。为解除这种困难，可以用分组参考的办法：假定阅读某种书籍需要参考四部书，就分学生为四组，使每组参考一部；或待相当时间之后互相交换，或不再交换，就使每组报告参考所得，以免他组自去参考。

指定了参考书籍，教师的事情并不就此完毕。如果那种书籍的编制方法是学生所不熟悉的，或者分量很多，学生不容易找到所需参考的部分的，教师都得给他们说明或指示。一方面要他们练习参考，一方面又要他们不致茫无头绪，提不起兴趣；唯有如上所说相机帮助他们，才可以做到。

四、阅读方法指导

各种书籍因性质不同，阅读方法也不能一样。但是就一般说，总得像精读时候的阅读那样，就其中的一篇或一章一节，逐句循诵，摘出不了解的处所；然后应用平时阅读的经验，试把那些不了解的处所自求解答；得到了解答，再看注释或参考书，以检验解答得对不对；如果实在无法解答，那就径看注释或参考书。不了解的处所都弄清楚了，又复读一遍，明了全篇或全章全节的大意。最后细读一遍，把应当记忆的记忆起来，把应当体会的体会出来，把应当研究的研究出来。全书的各篇或各章各节，都该照此办法。略读原是用来训练阅读的优良习惯，必须脚踏实地，毫不苟且，才有效益；决不能让学生胡乱读过一遍就算。唯有开始脚踏实地，毫不苟且，到习惯既成之后才会"过目不忘""展卷自得"。若开始就草草从事，说不定将一辈子"过目辄忘""展卷而无所得"了。还有一层，略读既是国文功课方面的工作，无论阅读何种书籍，都宜抱着研究国文的态度。平常读一本数学课本，不研究它的说明如何正确；读一本史地课本，也不研究它的叙述如何精当。数学课本与史地课本原可以在写作技术方面加以研究；因作者的造诣不同，同样是数学课本与史地课本，其正确与精当的程度实际上确也大有高下。但是在学习数学、学习史地的立场，自不必研究那些；如果研究那些，便转移到学习国文的立场，抱着研究国文的态度了。其他功课的阅读都只须顾到书籍的内容，国文功课训练阅读，独须内容形式兼顾，并且不把内容形式分开来研究，而认为不可分割的两方面；经过了国文功课方面的训练，再去阅读其他功课的书籍，眼力自也增高。认清了这一层，对于选定的略读书籍自必一律作写作技术的研究。被选的书总有若干长处，读者不仅在记得那些长处，尤其重要的在能看出为什么会有那些长处；同时不免或多或少有些短处，读者也须能随时发现，说明它的所以然，这才可以做到读书而不为书所蔽。——这一层也是就一般说的。

现在再分类来说。有些书籍，阅读它的目的在从中吸收知识，增加自身的经验，那就须运用思考与判断，认清全书的要点，不歪曲也不遗漏，才得如愿。若不能抉择书中的重要部分，认不清全书的要点，或忽略了重要部分，却把心思用在枝节上，所得结果就很少用处。要使书中的知识化为自身的经验，自必从记忆入手。记忆的对象若是阅读之后看出来的要点，因它条理清楚，印入自较容易。若不管重要与否，而把全部平均记忆，甚至以全部文句为记忆的对象，那就没有纲领可凭，徒增不少的负担，结果或且全部都不记忆。所以死用记忆决不是办法，漫不经心地读着读着，即使读到烂熟，也很难有心得；必须随时运用思考与判断，接着择要记忆，才合于阅读这一类书籍的方法。

又如小说或剧本，一般读者往往只注意它的故事；故事变化曲折，就感到兴趣，读过以后，也只记住它的故事。其实凡是好的小说和剧本，故事仅是迹象，凭着那迹象，作者发挥他的人生经验或社会批判，那些才是精魂。阅读小说或剧本而只注意它的故事，专取迹象，抛弃精魂，决非正当方法。在国文课内，要培植欣赏文学的能力，尤其不应如此。精魂就寄托在迹象之中，对于故事自不可忽略；但是故事的变化曲折所以如此而不如彼，都与作者发挥他的人生经验和社会批判有关，这一层更须注意。初学者还没有素养，一时无从着手；全仗教师给他们易晓的暗示与浅明的指导，渐渐引他们入门。穿凿附会固然要不得，粗疏忽略同样要不得。凭着故事的情节，逐一追求作者要说而没有明白说出来的意思，才会与作者的精神相通，才是阅读这一类书籍的正当方法。有些学生喜欢看低级趣味的小说之类，叫他们不要看，他们虽然答应了，一转身还是偷偷地看。这由于没有学得阅读这类书籍的方法，注意力仅仅集中在故事上的缘故。他们如果得到适当的暗示与指导，渐渐有了素养，就会觉得低级趣味的小说之类在故事之外没有东西，经不起咀嚼；不待他人禁戒，自然就不喜欢看了。——这可以说是消极方面的效益。

又如诗集，若是个人的专集，按写作年月，顺次看诗人意境的扩大或转换，风格的确立或变易，是一种读法。按题材归类，看诗人对于某一题材如何立意，如何发抒，又是一种读法。按体式归类，比较诗人对于某一类体式最能运用如意，倾吐诗心，又是一种读法。以上都是分析研究方面的事，而文学这东西，尤其是诗歌，不但要分析地研究，还得要综合地感受。所谓感受，就是读者的心与诗人的心起了共鸣，仿佛诗人说的正是读者自己的话，诗人宣泄的正是读者自己的情感似的。阅读诗歌的最大受用在此。通常说诗歌足以陶冶性情，就因为深美玄妙的诗歌能使读者与诗人同其怀抱，但是这种受用不是没有素养的人所能得到的。素养不会凭空而至，还得从分析的研究入手。研究愈精，理解愈多，才见得纸面的文字——是诗人心情动荡的表现；读它的时候，心情也起了动荡，几乎分不清那诗是诗人的还是读者自己的。所读的若是总集，也可应用类似前说的方法，发现各代诗人取材的异同，风格的演变；比较各家各派意境的浅深，抒写的技巧；探讨各种体式如何与内容相应，如何去旧而谋新：这些都是研究的事，唯有经过这样研究，才可以享受诗歌。我国历代诗歌的产量极为丰富，读诗一事，在知识分子中间差不多是普遍的嗜好。但是就一般说，因为研究不精，感受不深，往往不很了然什么是诗。无论读和写，几乎都认为凡是五字一句，七字一句，而又押韵的文字便是诗；最近二十年通行了新体诗，又都认为凡是分行写的白话便是诗。连什么是诗都不能了然，哪里还谈得到享受？更哪里谈得到写作？中学生固然不必写诗，但是有享受诗的权利；要使他们真能享受诗，自非在国文课内认真指导不可。

又如古书，阅读它而要得到真切的了解，必须明了古人所处的环境与所怀的抱负。陈寅恪先生作审查一本中国哲学史的报告，中间说："古人著书立说，皆有所为而发；故其所处之环境，所受之背景，非完全明了，则其学说不易评论。而古代哲学家去今数千年，其时代之真相极难推知。吾人今日可依据之材料，仅为当时所遗存最小之一部；欲借此残余断片以窥测其全部结构，必须备艺术家欣赏古代绘画雕刻之眼光及精神，然后古人立说之用意与对象始可以真了解。所谓真了解者，必神游冥想，与立说之古人处于同一境界，而对于其持论所以不得不如是之苦心孤诣，表一种之同情，始能批评其学说之是非得失，而无隔阂肤廓之论。否则数千年前之陈言旧说，与今日之情势迥殊，何一不可以可笑可怪目之乎？"这里说的是专家研究古代哲学应持的态度，并不为中学生而言。要达到这种境界，必须有很深的修养与学识，一般知识分子尚且不易做到，何况中学生？但是指导中学生阅读古书，不可不酌取这样的意思，以正他们的趋向——尽浅不妨，只要趋向正，将来可以渐求深造。否则学生必致辨不清古人的是非得失，或者一味盲从古人，成个不通的"新顽固"，或者一味抹杀古人，骂古人可笑可怪，成个浅薄的妄人。这岂是教他们阅读古书的初意？所谓尽浅不妨，意思是就学生所能领会的，给他们适当的指导。如读《孟子·许行章》"或劳心，或劳力；劳心者治人，劳力者治于人；治于人者食人，治人者食于人；天下之通义也"一节，若以孟子这个话为天经地义，而说从前君主时代，竭尽天下的人力物力以供奉君主是合理的，现代的民权思想与民主政治是要不得的，这便是糊涂头脑；若以孟子这个话为胡言乱语，而说后代劳心者与劳力者分成两个阶级，劳心阶级地位优越，劳力阶级不得抬头，都是孟子的遗毒，这也是偏激之论。要知道孟子这一章在驳许行的君臣并耕之说，他所持的论据是与许行相反的"分工互助"。劳力的百工都有专长，劳心的"治人者"也有他的专长，各出专长，分任工作，社会才会治理：这是孟子的政治理想。时代到了战国，社会关系渐趋繁复，许行那种理想当然行不通。孟子看得到这一点，自是他的识力。要怎样才是他理想中的"治人者"？看以下"当尧之时"一大段文字便可明白，就是：像尧舜那样一心为民，干得有成绩，才算合格。这是从他"民为贵"的根本观点而来的。正因"民为贵"，所以为民除疾苦，为民兴教化的人是"治人者"的模范。于此可见他所谓"治人者"至少含有"一心为民，干政治具有专长的人"的意思，并不泛指处在君位的人，如古代的酋长或当时的诸侯。至于"食人""食于人"，在他的意想中，只是表示互助的关系而已，并不含有"注定被掠夺""注定掠夺人家"的意思。——如此看法，大概近于所谓"了解的同情"，与前面说起的糊涂头脑与偏激之论全然异趣。这未必深奥难知，中材的高中二三年生也就可以领会。多做类似的指导，学生自不致走入泥古诬古的歪路了。

五、问题指导

无论阅读何种书籍，要把应当记忆的记忆起来，把应当体会的体会出来，把应当研究的研究出来，总得认清几个问题——也可以叫作题目。如读一个人的传记，这个人的学问、事业怎样呢？或读一处地方游记，那地方的自然环境、社会情形怎样呢？都是最浅近的例子。心中存在着这些问题或题目，阅读就有了标的，辨识就有了头绪。又如读《爱的教育》，可以提出许多问题或题目：作为书中主人翁的那个小学生安利柯，他的父亲常常勉励他，教训他——父亲希望他成个怎样的人呢？书中写若干小学生，家庭环境不同，品性习惯各异——品性习惯受不受家庭环境的影响呢？书中很有使人感动的地方，为什么能使人感动呢？诸如此类，难以说尽。又如读《孟子》，也可以提出许多问题或题目：孟子主张"民为贵"，书中的哪些篇章发挥这个意思呢？孟子的理想中，把政治分为王道的与霸道的两种，两种的区别怎样呢？孟子认为"王政"并不难行，他的论据又是什么呢？诸如此类，难以说尽。这些是比较深一点的。善于读书的人，一边读下去，一边自会提出一些问题或题目来，作为阅读的标的，辨识的头绪；或者初读时候提出一些，重读时候另外又提出一些。教学生略读，当然希望学生也能如此；但是学习习惯未成，功力未到，恐怕他们提不出什么，只随随便便地胡乱读一阵了事，就有给他们提示问题的必要。对于一部书，可提出的问题或题目，往往如前面说的，难以说尽。提得太深了，学生无力应付；提得太多了，学生又无暇兼顾。因此，宜取学生能力所及的，分量多少又得顾到他们的自修时间。凡所提示的问题或题目，不只教他们"神游冥想"，以求解答；还要让他们利用所有的凭借，就是序目、注释、批评及其他参考书。在教师揭示之外，学生如能自己提出，当然大可奖励，但是提得有无价值，得当不得当，还须由教师注意与指导。为养成学生的互助习惯与切磋精神起见，也可分组研究，令每组解答一个问题或题目，到上课时候报告给大家知道，再听同学与教师的批判。

以上说的，都是教师给学生的事前指导。以后就是学生的事情了——按照教师所指导的去阅读，去参考，去研究。

在这一段过程中，学生应该随时作笔记。说起笔记，现在一般学生似乎还不很明白它的作用；只因教师吩咐要作笔记，他们就在空白本子胡乱写上一些文字交卷。这种观念必须纠正。要让他们认清，笔记不是教师向他们要的赋税，而是他们读书学习不能不写的一种记录。参考得来的零星材料，临时触发的片段意思，都足以供排比贯穿之用，怎能不记录？极关重要的解释与批评，特别欣赏的几句或一节，就在他日还值得一再检览，怎能不记录？研究有得，成了完整的理解与认识，若不写下来，也许不久又忘了，怎能不记录？这种记录都不为应门面，求分数，讨教师的好；而只为于他们自己有益——必须这么做，他们的读书学习才见得切实。从上面的话看，笔记大概该有两大部分：一部分是碎屑的摘录；一部分是完整的心得——说得堂皇一点，就是"读书报告"或"研究报告"。对于初学，当然不能求其周密深至；但是敷衍塞责的弊病必须从开头就戒除，每抄一条，每写一段，总得让他们说得出个所以然。这样成了习惯，终身写作读书笔记，便将受用无穷，无论应付实务或研究学问，都可以从笔记方面得到许多助益。而在上课讨论的时候，这种笔记就是参加讨论的准备；有了准备，自不致茫然无从开口，或临时信口乱说了。

学生课外阅读之后，在课内报告并讨论阅读一书某一部分的实际经验；待全书读毕，然后作全书的总报告与总讨论，前面已经说过。那时候教师所处的地位与应取的态度，《精读指导举隅》曾经提到，不再多说，现在要说的是成绩考查的事。教师指定一本书教学生阅读，要他们从书中得到何种知识或领会，必须有个预期的标准；那个标准就是判定成绩的根据。完全达到了标准，成绩很好，固然可喜；如果达不到标准，也不能给他们一个不及格的分数就了事，必须研究学生所以达不到标准的原因——是教师自己的指导不完善呢，还是学生的资质上有缺点，学习上有疏漏？——竭力给他们补救或督促，希望他们下一次阅读的成绩比较好，能渐近于标准。一般指导自然愈完善愈好；对于资质较差，学习能力较低的学生的个别指导，尤须有丰富的同情与热诚。总之，教师在指导方面多尽一分力，无论优等的次等的学生必可在阅读方面多得一分成绩。单是考查、给分数、填表格，没有多大意义；为学生的利益而考查，依据考查再打算增进学生的利益，那才是教育家的存心。

以上说的成绩，大概指了解、领会以及研究心得而言。还有一项，就是阅读的速度。处于事务纷繁的现代，读书迟缓，实际上很吃亏。略读既以训练读书为目标，自当要求他们速读，读得快，算是成绩好，不然就差。不用说，阅读必须以精细正确为前提；能精细正确了，是否敏捷迅速却是判定成绩应该注意的。

《略读指导举隅》由叶圣陶与朱自清分篇合作
此前言为叶圣陶于 1941 年 3 月 1 日作

论国文精读指导不只是逐句讲解

教书逐句讲解，是从前书塾里的老法子。讲完了，学生自去诵读；以后是学生背诵，还讲，这就完成了教学的一个单元。从前也有些不凡的教师，不但逐句讲解，还从虚字方面仔细咬嚼，让学生领会使用某一些虚字恰是今语的某一种口气；或者就作意方面尽心阐发，让学生知道表达这么一个意思非取这样一种方式不可；或者对诵读方面特别注重，当范读的时候，把文章中的神情理趣，在声调里曲曲传达出来，让学生耳与心谋，得到深切的了解。这种教师往往使学生终身不忘，学生想到自己的受用，便自然而然感激那给他实益的教师。这种教师并不多，一般教师都只逐句讲解。

逐句讲解包括解释字词的意义，说明成语典故的来历这两项预备工作。预备工作之后，把书面的文句译作口头的语言，便是主要工作了。应用这样办法，论理必作如下的假定：假定学生无法了解那些字词的意义，假定学生无法考查那些成语典故的来历，假定学生不能把书面的文句译作口头的语言。不然，何必由教师逐一讲解？假定读书的目标只在能把书面的文句译作口头的语言；译得来，才算读懂了书。不然，何以把这一项认为主要工作而很少顾及其他？还有，假定教学只是授受的关系，学生是没有能力的，自己去探讨也无非徒劳，必待教师讲了授了，他用心地听了受了，才会了解他所读的东西。不然，何不让学生在听讲之外，再做些别的工作？——教师心里固然不一定意识到以上的假定；可是，如果只做逐句讲解的工作，就不能不承认有这几个假定。而从现代教育学的观点，这几个假定都是不合教学的旨趣的。

从前书塾教书，不能说没有目标。希望学生读通了，写通了，或者去应科举，取得功名；或者保持传统，也去教书；或者写作书信，应付实用：这些都是目标。但是能不能达到目标，教师似乎不负什么责任。一辈子求不到功名的，只怨自己命运不济，不怪教师；以误传误当村馆先生的，似是而非写糊涂书信的，自己也莫名其妙，哪里会想到教师给他吃的亏多么大？在这样情形之下，教师对于怎样达到目标（也就是对于教学方法），自然不大措意。现在的国文教学可不同了。国文教学悬着明晰的目标：养成阅读书籍的习惯，培植欣赏文学的能力，训练写作文章的技能。这些目标是非达到不可的，责任全在教师身上；而且所谓养成，培植，训练，不仅对一部分学生而言，必须个个学生都受到了养成，培植，训练，才算达到了目标。因此，教学方法须特别注重。如果沿袭从前书塾里的老法子，只逐句讲解，就很难达到目标。可是，熟悉学校情形的人都知道现在的国文教学，一般地说，正和从前书塾教书差不多。这不能说不是一个相当严重的问题。

阅读书籍的习惯不能凭空养成，欣赏文学的能力不能凭空培植，写作文章的技能不能凭空训练。国文教学所以要用课本或选文，就在将课本或选文作为凭借，然后种种工作得以着手。课本里收的，选文入选的，都是单篇短什，没有长篇巨著。这并不是说学生读一些单篇短什就够了，只因单篇短什分量不多，要做细琢细磨的研读功夫正宜从此入手。一篇读毕，又来一篇，涉及的方面既不嫌偏颇，阅读的兴趣也不致单调，所以取作精读的教材。学生从精读方面得到种种经验，应用这些经验，自己去读长篇巨著以及其他的单篇短什，不再需要教师的详细指导（不是说不需要指导），这就是略读。就教学而言，精读是主体，略读只是补充；但就效果而言，精读是准备，略读才是应用。精读与略读的关系如此，试看，只做逐句讲解的工作，是不是就尽了精读方面的指导责任？

所谓阅读书籍的习惯，并不是什么难能的事，只是能够按照读物的性质作适当的处理而已。需要翻查的，能够翻查；需要参考的，能够参考；应当条分缕析的，能够条分缕析；应当综观大意的，能够综观大意；意在言外的，能够辨得出它的言外之意；义有疏漏的，能够指得出它的疏漏之处：到此地步，阅读书籍的习惯也就差不多了。一个人有了这样的习惯，一辈子读书，一辈子受用。学生起初当然没有这样的习惯，所以要他们养成；而养成的方法，唯有让他们自己去尝试。按照读物的性质，作适当的处理，教学上的用语称为"预习"。一篇精读教材放在面前，只要想到这是一个凭借，要用来养成学生阅读书籍的习惯，自然就会知道非教他们预习不可。预习的事项无非翻查、分析、综合、体会、审度之类，应该取什么方法，认定哪一些着眼点，教师自当测知他们所不及，给他们指点，可是实际下手得让他们自己动天君，因为他们将来读书必须自己动天君。预习的事项一一做完了，然后上课。上课的活动，教学上的用语称为"讨论"，预习得对不对，充分不充分，由学生与学生讨论，学生与教师讨论，求得解决。应当讨论的都讨论到，须待解决的都得到解决，就没有别的事了。这当儿，教师犹如集会中的主席，排列讨论程序的是他，归纳讨论结果的是他，不过他比主席还多负一点责任，学生预习如有错误，他得纠正；如有缺漏，他得补充；如有完全没有注意到的地方，他得指示出来，加以阐发。教师的责任不在把一篇篇的文章装进学生脑子里去，因为教师不能一辈子跟着学生，把学生所要读的书一部部装进学生脑子里去。教师只要待学生预习之后，给他们纠正，补充，阐发，唯有如此，学生在预习的阶段既练习了自己读书，在讨论的阶段又得到切磋琢磨的实益，他们阅读书籍的良好习惯才会渐渐养成。如果不取这个办法，学生要待坐定在位子上，听到教师说今天讲某一篇之后，才翻开课本或选文来；而教师又一开头就读一句，讲一句，逐句读讲下去，直到完篇，别无其他工作：那就完全是另一回事了。

　　第一，这里缺少了练习阅读最主要的预习的阶段。学生在预习的阶段，固然不能弄得完全头头是道，可是教他们预习的初意本来不要求弄得完全头头是道，最要紧的还在让他们自己动天君。他们动了天君，得到理解，当讨论的时候，见到自己的理解与讨论结果正相吻合，便有独创成功的快感；或者见到自己的理解与讨论结果不甚相合，就作比量短长的思索。并且预习的时候决不会没有困惑，困惑而没法解决，到讨论的时候就集中了追求解决的注意力。这种快感、思索与注意力，足以鼓动阅读的兴趣，增进阅读的效果，都有很高的价值。现在不教学生预习，他们翻开课本或选文之后又只须坐在那里听讲，不用做别的工作。从形式上看，他们太舒服了，一切预习事项都由教师代劳；但是从实际上说，他们太吃亏了，几种有价值的心理过程都没有经历到。第二，这办法与养成阅读书籍的习惯那个目标根本矛盾。临到上课，才翻开课本或选文中的某一篇来；待教师开口讲了，才竖起耳朵来听。这个星期如此，下个星期也如此；这个学期如此，下个学期也如此，还不够养成习惯吗？可惜养成的习惯恰是目标的反面。目标要学生随时读书，而养成的习惯却要上课才翻书；目标要学生自己读书，而养成的习惯却要教师讲一句才读一句书。现在一般学生不很喜欢而且不很善于读书，如果说，原因就在国文教学专用逐句讲解的办法，大概也不是过火的话吧。并且逐句讲解的办法，对于一篇中的文句是平均看待的，就是说，对于学生能够了解的文句，教师也不惮烦劳，把它译作口头的语言；而对于学生不甚了解的文句，教师又不过把它译作口头的语言而止。如讲陶潜《桃花源记》，开头"晋太元中，武陵人捕鱼为业"，就说："太元是晋朝孝武帝的年号，武陵是现在湖南常德县。晋朝太元年间，武陵地方有个捕鱼的人。"凡是逢到年号，总是说是某朝某帝的年号；凡是逢到地名，总是说是现在某地；凡是逢到与今语不同的字或词，总是说是什么意思。如果让学生自己去查一查年表、地图、字典、辞典，从而知道某个年号距离如今多少年；某一地方在他们居处的哪一方，距离多远；某一字或词的本义是什么，引申义又是什么：那就非常亲切了，得到很深的印象了。学生做了这番功夫，对于"晋太元中，武陵人捕鱼为业"那样的文句，自己已能了解，不须再听教师的口译。现在却不然，不管学生了解不了解，见文句总是照例讲，照例口译；学生听着听着，非但没有亲切之感与很深的印象，而且因讲法单调，不须口译的文句也要口译，而起厌倦之感。我们偶尔听人演说，说法单调一点，内容平凡一点，尚且感到厌倦，学生成月成年听类似那种演说的讲解与口译，怎得不厌倦呢？厌倦了的时候，身子虽在座位上，心神却离开了读物，或者"一心以为有鸿鹄将至"，或者什么都不想，像禅家的入定，这与养成读书习惯的目标不是相去很远吗？曾经听一位教师讲曾巩《越州赵公救灾记》，开头"熙宁八年夏，吴越大旱；九月，资政殿大学士右谏议大夫知越州赵公，前民之未饥，为书问属县……"在讲明了"熙宁""吴越""资政殿大学士""右谏议大夫""知"之后，便口译道："熙宁八年的夏天，吴越地方遇到大旱灾；九月间，资政殿大学士……赵公，在百姓没有受到灾患以前，发出公文去问属县……"若照逐句讲解的原则，这并没有错。可是学生听了，也许会发生疑问：（一）遇到大旱灾既在夏天，何以到了九月间还说"在百姓没有受到灾患以前"呢？（二）白话明明说"在百姓没有受到灾患以前"，何以文句中的"前"字装到"民"字的前头去呢？这两个疑问，情形并不相同：（一）是学生自己糊涂，没有辨清"旱"和"饥"的分别；（二）却不是学生糊涂，他正看出了白话和文言的语法上的异点。而就教师方面说，对于学生可能发生误会的地方不给点醒，对于学生想要寻根究底的地方不给指导，都只是讲如未讲。专用逐句讲解的办法，不免常常有这样的情形，自然说不上养成读书习惯了。

其次，就培植欣赏文学的能力那个目标来说，所谓欣赏，第一步还在透切了解整篇文章，没有一点含糊，没有一点误会。这一步做到了，然后再进一步，体会作者意念发展的途径及其辛苦经营的功力。体会而有所得，那踌躇满志，与作者完成一篇作品的时候不相上下，这就是欣赏，这就是有了欣赏的能力。而所谓体会，得用内省的方法，根据自己的经验，而推及作品；又得用分析的方法，解剖作品的各部，再求其综合。体会决不是冥心盲索、信口乱说的事，这种能力的培植全在随时的指点与诱导。正如看图画听音乐一样，起初没有门径，只看见一堆形象，只听见一串声音，必得受了内行家的指点与诱导，才渐渐懂得怎么看，怎么听；懂得怎么看怎么听，这就有了欣赏图画与音乐的能力。国文精读教材固然不尽是文学作品，但是文学与非文学，界限本不很严，即使是所谓普通文，它既有被选为精读教材的资格，多少总带点文学的意味。所以，只要指点与诱导得当，凭着精读教材也就可以培植学生的欣赏文学的能力。如果课前不教学生预习，上课又只做逐句讲解的工作，那就谈不到培植。前面已经说过，不教学生预习，他们就经历不到在学习上很有价值的几种心理过程；专教学生听讲，他们就渐渐养成懒得去仔细咀嚼的习惯。综合起来，就是他们对于整篇文章不能做到透切了解，然而透切了解正是欣赏的第一步。再请用看图画、听音乐来比喻，指点与诱导固然仰仗内行家，而看与听的能力的长进，还靠用自己的眼睛实际去看，用自己的耳朵实际去听。这就是说，欣赏文学要由教师指一点门径，给一点暗示，是预习之前的事。实际与文学对面，是预习与讨论时候的事。现在把这些事一概捐除，单教学生逐句听讲，那么，纵使教师的讲解尽是欣赏的妙旨，在学生只是听教师欣赏文学罢了。试想，只听内行家讲他的对于图画与音乐的欣赏，而始终不训练自己的眼睛与耳朵，那欣赏的能力还不是只属于内行家方面吗？何况前面已经说过，逐句讲解，把它译作口头的语言而止，结果往往是讲如未讲，又怎么能是欣赏的妙旨？如归有光《先妣事略》末一句，"世乃有无母之人，天乎痛哉！"要与上面的话联带体会，才知道是表达孺慕之情的至性语。上面说母亲死后十二年，他补了学官弟子，这是一件重要事，必须告知母亲的。母亲当年责他勤学，教他背书，无非盼望他能得上进；然而母亲没有了，怎么能告知她呢？又说母亲死后十六年，他结了婚，妻子是母亲所聘定的，过一年生了个女儿。这又是一件重要事，必须告知母亲的，母亲当年给他聘定妻子，就只盼望他们夫妇和好，生男育女；然而母亲没有了，怎么能告知她呢？因为要告知而无从告知，加深了对于母亲的怀念。可是怀念的结果，对于母亲的生平，只有一二"仿佛如昨"，还记得起，其余的却茫然了；这似乎连记忆之中的母亲也差不多要没有了。于是说"世乃有无母之人，天乎痛哉！"好像世间不应当有"无母之人"似的。由于怀念得深，哀痛得切，这样痴绝的话不同平常的话正是流露真性情的话。这是所谓欣赏的一个例子。若照逐句讲解的原则，轮到这一句，不过口译道："世间竟有没有母亲的人，天啊！哀痛极了！"讲是讲得不错。但是，这篇临了，为什么突兀地来这么一句呢？母亲比儿子先死的，世间尽多，为什么这句中含着"世间不应当有的'无母之人'似的"的意思呢？对于这两个疑问都不曾解答。学生听了，也不过听了"世间竟有没有母亲的人，天啊！哀痛极了！"这么一句不相干的话而已，又哪里会得到什么指点与暗示，从而训练他们的欣赏能力？

再其次，就训练写作文章的技能那个目标来说，所谓写作，也不是什么了不得的事。从外面得来的见闻知识，从里面发出的意思情感，都是写作的材料。哪些材料值得写，哪些材料值不得写，得下一番选剔的功夫。材料既选定，用什么形式表现它才合式，用什么形式表现它就不合式，得下一番斟酌的功夫。斟酌妥当了，便连布局、造句、遣辞都解决了。写作不过是这么一个过程，粗略地说，只要能识字能写字的人就该会写作。写作的技能所以要从精读方面训练，无非要学生写作得比较精一点。精读教材是挑选出来的，它的写作技能当然有可取之处；阅读时候看出那些可取之处，对于选剔与斟酌就渐渐增进了较深的识力；写作时候凭着那种识力来选剔与斟酌，就渐渐训练成较精的技能。而要看出精读教材的写作技能的可取之处，与欣赏同样（欣赏本来含有赏识技能的意思），第一步在对于整篇文章有透切的了解；第二步在体会作者意念发展的途径及其辛苦经营的功力。真诚的作者写一篇文章，决不是使花巧、玩公式，他的功力全在使情意与文字达到个完美的境界，换句话说，就是使情意圆融周至，毫无遗憾，而所用文字又恰正传达出那个情意。如范仲淹作《严先生祠堂记》，末句原作"先生之德，山高水长"李泰伯看了，叫他把"德"字改为"风"字；又如欧阳修作《醉翁亭记》，开头历叙滁州的许多山，后来完全不要，只作"环滁皆山也"五字；历来传为写作技能方面的美谈。这些技能都不是徒然的修饰，根据《论语》"君子之德风"那句话，用个"风"字不但可以代表"德"字，并且增多了"君子之"的意思；还有，"德"字是呆板的，"风"字却是生动的，足以传达德被世人的意思，要指称高风亮节的严先生，自然用"风"字更好。再说《醉翁亭记》，醉翁亭既在滁州西南琅琊山那方面，何必历叙滁州的许多山？可是不说滁州的许多山，又无从显出琅琊山，唯有用个说而不详说的办法作"环滁皆山也"，最为得当。可见范仲淹的原稿与欧阳修的初稿都没有达到完美的境界，经李泰伯的代为改易与欧阳修的自己重作，才算达到了完美的境界。要从阅读方面增进写作的识力，就该在这等地方深切地注意。要从实习方面训练写作的技能，就该效法那些作者的求诚与不苟。无论写一个便条，记一则日记，作一篇《我的家庭》或《秋天的早晨》，都像李泰伯与欧阳修一样的用心。但是，国文教学仅仅等于逐句讲解的时候，便什么都谈不到了。逐句讲解既不足以培植欣赏文学的能力，也不足以训练写作文章的技能。纵使在讲过某一句的时候，加上去说"这是点题"或"这是题目的反面"，"这是侧击法"或"这是抑宾扬主法"，算是关顾到写作方面：其实于学生的写作技能并没有什么益处。因为这么一说，给与学生的暗示将是：写作只是使花巧、玩公式的事。什么"使情意圆融周至"，什么"所用文字恰正传达那个情意"，他们心中却没有一点影子，他们的写作技能又怎么训练得成功？

因为逐句讲解的办法仅仅包含（一）解释字词的意义，（二）说明成语典故的来历，（三）把书面的文句译作口头的语言三项工作，于是产生了两个不合理的现象：（一）认为语体没有什么可讲，便撇开语体，专讲文言；（二）对于语体，也像文言一样读一句讲一句。语体必须精读，在中学国文课程标准里素有规定。现在撇开语体，一方面是违背规定，另一方面是对不起学生——使他们受不到现代最切要的语体方面的种种训练。至于讲语体像讲文言一样，实在是个可笑的办法。除了各地方言偶有差异而外，纸面的语体与口头的语言几乎全同；现在还要把它口译，那无非逐句复读一遍而已。语体必须教学生预习，必须在上课时候讨论；逐句复读一遍决不能算精读了语体。关于这一点，拟另外作一篇文章细谈。

逐句讲解是最省事的办法；如要指导学生预习，主持课间讨论，教师就麻烦得多。但是专用逐句讲解的办法达不到国文教学的目标，如前面所说；教师为忠于职责忠于学生，自该不怕麻烦，让学生在听讲之外，多做些事，多得些实益。教师自己，在可省的时候正不妨省一点讲解的辛劳，腾出工夫来给学生指导，与学生讨论，也就绰有余裕了。

1941 年 1 月 7 日作

刊《文史教育》创刊号

署名叶圣陶

读罗陈两位先生的文章

阅读能力的问题

《国文杂志》第二卷第一期刊载罗根泽先生一篇文章，题目是《抢救国文》，篇中从三十一年度高考（指国民党政府的高等文官考试）国文试卷的成绩不好，论到国文该从中学阶段抢救。罗先生所举成绩不好的例子共有七个，是从七本试卷中摘录出来的，不尽是全篇。就例子看，这七个应试者犯了同样的毛病，就是看不懂题目。题目是《试以近代文明发展之事实，引证〈荀子〉"从天而颂之，孰与制天命而用之"之说》现在先不谈这个题目出得有没有道理，单就理解题目来说，题目说以甲引证乙，就知道出题者的意思以乙为主，要应试者对于乙有所疏解或发挥，然后引甲来证成其说。这儿的乙是《荀子》的话，大学毕业生（具有应高考资格的人）不一定读过《荀子》，读过《荀子》不一定读过含有"从天而颂之，孰与制天命而用之"这句话的《天论》，读过《天论》不一定都记得，也许忘记得干干净净了，都是情理中事；然而就字面求理解，大学毕业生似乎不应该办不到，他们照理应有"了解一般文言文之能力"与"读解古书之能力"的（这儿引号中的是初高中国文课程标准目标项下的话）。题目上的"从"字、"颂"字、"制"字"用"字都是寻常用法，与现代文言没有什么差异；"天"字不指天空，只要想天空怎么能"从"，天空怎么会有所"命"，就可以知道；还有，"甲孰与乙"是个差比句式，表示说话人的意思是乙胜于甲，这种句式在古书中是常见的，所谓"一般文言文"中也有用到的。如果应试者能够知道这些个，就是没有读过《天论》或者读过而忘记得干干净净了，也会理解《荀子》这句话；再把以甲引证乙是什么意思弄清楚，那就完全懂得题目了。可是就罗先生所举的例子看，七个应试者对于《荀子》的话几乎全不能就字面求理解，"从"字、"颂"字这些个寻常用法都不明白，"天"字多数认作天空，"甲孰与乙"的差比句式竟没有一个人理会到，对于整个题目以甲引证乙的意思也完全没有注意。

这是阅读能力的问题。咱们且不把这个题目认作作文题目，只把它认作阅读文言的测验题目，这七个应试者都看不懂，也就是表现了阅读能力不够。这个题目一共只有三十个字，凭公道说，实在不是艰深的文言，这还看不懂，对于较长较艰深的文言当然更无法阅读。在现在这个时代，写作定要用文言，自然只是一部分人的成见与偏见；但是阅读文言的能力，至少在受过普通教育与大学教育的人必须养成，这是大家一致、无待辩难的认识。不论学什么科目的学生，在他学习与从业的期间，或多或少，总得与文言乃至所谓古书打交道。如果无法阅读，远大的方面且不说，他个人方面就是大大的吃亏。可惜罗先生所看高考试卷仅约四百本，不是全份；又没有就他所看四百本之中作个统计，像所举七例那样看不懂题目的，所占百分数究竟有多少。如果所占百分数相当多，那就表示大学毕业生阅读文言的能力还不够标准，倒确是个严重的问题。教国文的教师知道当前有这么个问题，只要他们有教育热诚与尽职观念的话，自当在平时的指导上多加注意。而正受教育与受毕教育的青年知道当前有这么个问题，也得回问自己："我的阅读文言的能力够不够标准？"不够标准，看不懂像这儿所举的题目，也不过考不上高考，做不成官儿罢了，没有什么了不得；无奈不够标准也就看不懂文言乃至所谓古书，这就闭塞了一条获得经验处理生活的重要途径（我不说唯一途径），是无论如何要不得的，必须把它改变过来才成。

题　目

八月十六日某报的副刊批评本志第二卷第一期，提及罗先生的文章，中间有这样的话："要是一定要救的话，我看还是先把那些出题目的先生们救一救的好。"这话看似过火，细想起来却有道理。试想出这个题目的人，他预期应试者作出什么样的文章才认为"合格"？他以为应试者必然读过《荀子》的《天论》，对于"从天而颂之，孰与制天命而用之"非但能够疏解，而且有所发挥；在疏解一阵发挥一阵之后，这才说到近代文明的发展，控制自然呀，利用自然呀，都是近代人的业绩；可是咱们的荀子在很古的时代早已见到了，于是赞叹一阵，懿欤休哉！这样作来，一方面是鉴古，一方面又知今，对于"固有文化"既不乏"深切了解"，对于"民族精神"也能够"发扬光大"，出题目的人大概要慷慨地批上八十分了。可是，荀子虽然说过"从天而颂之，孰与制天命而用之"的话，他到底没有创造近代文明；荀子想的只是个笼统的观念，近代文明却是一件一件具体的事实。现在把荀子的话与近代文明联在一块儿，实在不免牵搭之嫌。你要写得"合格"就不能不这样牵搭，因为题目把你限制住了。还有，出题目的人预期应试者"懿欤休哉"地赞叹一阵，这中间隐伏着一段阿Q精神。阿Q精神为什么要不得？就因为他自卑而又自夸，唯其自卑，不得不自夸，用自夸来掩饰自卑，掩饰一下之后，仿佛把心理上自卑的愧恨抹去了，这就无妨"依然故我"地活下去：其弊病在不长进，不要好。咱们要能促进近代文明的发展，在近代文明的发展中有或多或少的功劳，才是长进，才是要好；仅仅说近代文明发展的原理，咱们的荀子老早说过了，因而脸上现出荣耀的神色，这就不免是阿Q的同志。出题目的人却预期应试者个个是阿 Q 的同志。应试者是否个个是阿 Q 的同志，咱们没有看过试卷，无从知道；可是出题目的人显然是的，因为他对应试者作过这样的预期。牵搭，阿 Q 精神，出题目的人的意识上至少有着这两项缺陷，可见某报副刊所说"救一救"的话不算过火。其实，他人是无法救的，要救还须自救。觉悟这两项是缺陷，力求弥补，就是自救了。

现在来谈谈关于题目的话。咱们有话要说，执笔作文，咱们都有自己的题目。譬如写一封信，与朋友讨论当前的战局，题目就是《与友人论战局书》；考察某一家工厂，写一份报告，题目就是《考察某工厂报告书》；作一篇论文，研究近几年来物价上涨的情况，题目就是《近几年来物价上涨的研究》；作一篇小说，叙写一个男主人公或女主人公初恋的经过，题目就是《初恋》。诸如此类，都是先有一些要说的材料，后有一个标明的题目，这是自然的，顺当的。咱们决不会先定下一个题目，然后去找寻要说的材料。如果这样，就是勉强要说话，勉强的话又何必说呢？可是，国文课内有写作练习的项目，由教师出题目；各种考试要测验应试者的写作能力，由主试者出题目。练习者与应试者见了题目，就得找寻一些材料来说，也就是勉强要说话，这显然是不自然不顺当的事。要弥补这个缺陷，全靠出题目的人不凭主观，能够设身处地，就练习者与应试者着想。出题目的人如能揣度练习者与应试者在某一范围内应该有话可说，说出来也并不勉强，就从这个范围内出个题目，那么，练习者与应试者执笔作文，就同自己本来要说话没有什么两样。要说督促练习，唯有出这样的题目才真是督促练习，因为这可以鼓起写作的欲望，使练习者体会到有话可说才是有文可写。要说测验写作能力，唯有出这样的题目才真能测验写作能力，因为把要说的话写得好或不好，才真是写作能力的好或不好。这儿说的只是寻常不过的话，并无深文大义，头脑清楚一点的人都会明白。无奈事实上，多数的出题目的人偏不明白。

在小学的阶段，出题目的情形似乎还好。一到中学的阶段就不然了，尤其是高中的阶段，必须练习论说文了，教师还附带声明，圆通一点的说"最好作文言"，板方一点的说"非文言不看"。出些什么题目呢？《学而时习之说》《学然后知不足说》《多难兴邦说》《人必自侮而后人侮之论》，诸如此类。学而时习之，才会熟练，才见切实，这一类的道理也极简单易晓，未必中学生就懂不得；可是在懂得这一点点之外，还要横说竖说说出一番话来，写成一篇文章，就不是个个中学生所能办到的。那些能够办到的，由于体验得深广，当然值得赞许；那些不能办到的，由于他们的体验仅仅限于"学而时习之"一句话，也不能算不够格。然而题目既已出了，就是不能办到的也得搜索枯肠，勉强说一些话来完卷。这简直是在练习瞎说，还成什么写作练习？写作练习的本意原在使练习者不要放过那些要说的值得说的材料，要把那些材料一一写成文章，而且要写得恰好；可是写作练习的题目却教练习者练习瞎说。这岂不是南辕北辙？并且什么事情都一样，练习次数多了，行为上总不免受影响。练习瞎说成了习惯，待到自己真个有话要说了，说不定也会牵三搭四来一阵瞎说，这岂不是写作练习反而妨害了写作能力，还不如不要练习来得好些？再说，咱们平时会不会蓄着一段意思，想就《学而时习之说》一类的题目作一篇文章？恐怕除了读书得间，体验特深的极少数人而外，谁也不会这么想的，就是出题目的人也未必会这么想。总之，这样的写作动机极不普遍，然而在国文教室与试场里，这类题目却极常见。人家问，为什么出这类题目？教师说，各种考试都出这类题目，就不能不练习这类题目。主试人说，向来考试都出这类题目，现在当然也出这类题目。在简单的答话里，原由显然了。练习者一篇一篇地写作那并无写作动机的文章，为的是应付考试。一个人一辈子能经历几回考试呢？在日常生活中，需要写一封信，写一份报告书，写一篇论文，写一篇小说的机会必然多得多，为练习者终身受用计，这类文章的写作正该着意练习。可是，出题目的人认定"考试第一"，对于这些也就顾不得了。

平时练习这类题目，练习的目标专为应付考试，这是八股时代的传统。八股是一种考试专用的文体，写信不用八股，记事传人不用八股，著书立说不用八股，唯有应试才用八股。这正与咱们自己不会想作一篇《学而时习之说》或者《试以近代文明发展之事实……》，唯有在国文教室与试场里才会遇见这类题目，情形相似。八股据说是代圣人立言，其实是不要你说自己认为要说的值得说的话，你能够揣摩题目的意旨以及出题目的人的意旨，按着腔拍，咿唔一阵，就算你的本领；如果遇到无可奈何的题目，你能够无中生有，瞎三话四，却又丁丁当当的颇有声调，那更见出你的才情。现在作《学而时习之说》，无非要你把已经由题目限定的意思横说竖说唠叨一番，在要你揣摩不要你说自己的话这一点上，岂不正与八股相同？八股在清朝光绪手里就废止了，八股的传统却保留在国文教室与试场里直到如今，这是可怪而不足怪的事。我国人以前不学数学、生物、物理、化学等类的科目，这些科目自然不致也不会承受八股的传统。我国人以前要学的科目唯有读书，读书读到了家的，成为博学通儒，那只是最少数，而作八股、应考试，却几乎是读书人普遍的目的。现在的读国文不就是以前的读书吗？一般人有意识或无意识地这么想，于是国文一科把八股的传统承受下来了。

罗先生的文章中，提出请求三事：一、请求教育当局减少中学国文教员负担；二、请求中学国文教员选讲适合学生程度的文章；三、请求中学学生以相当时向读、作国文。《国文杂志》第二卷第三期陈卓如先生的《从＜抢救国文＞说到国文教学》中，表示一点希望："我只希望现在从事国文教学的人，'躬自厚而薄责于人'。对于学生程度之劣，只有反省忏悔，努力寻求教学上的缺陷与学生的困难，加以纠正。"为增进国文教学的效果，维护学生的实益起见，罗陈两先生说的都是很好的意思。但是我在这儿想补充一些，在写作教学上，必须绝对摆脱八股的传统。摆脱了八股的传统，按照罗先生的说法，"学生以相当时间读、作国文"，才会逐渐得到进益，否则只是练习瞎说，非徒无益而又害之。摆脱了八股的传统，按照陈先生的说法"努力寻求教学上的缺陷"，才算真个得到着落，否则只是细枝小节，"纠正"了也未必有多大效果。八股的传统摆脱了，出出来的题目必然改观；那必然是练习者与应试者"应该有话可说"的题目，虽然由教师与主试者出出来，却同练习者与应试者自己本来要说这么一番话一样。我还要重说一遍，唯有出这样的题目，在平时才真是督促练习，在考试时才真能测验写作能力。

摆脱八股的传统容易吗？我想大不容易。我在这儿认真地说，自以为见得不错。也许有些先生们看了，认为胡说八道，他们或者想现在哪儿有什么八股的传统，或者想八股的传统也并不坏啊。要希望人同此心，心同此理，大家认为八股的传统非绝对摆脱不可，我实在不能预言该要多少年。在八股的传统还没有摆脱的时候，练习者与应试者只有吃亏，这是无可免的悲剧。可是，自己明白落在悲剧中间，总比糊糊涂涂混下去好些；明白了之后，自己加上努力，未尝不可以打破悲剧的圈套。单就写作一事来说，青年们幸而不遇到承受八股传统的题目，自然最好；如果遇到了这类题目，就该知道这是怎么一回事，尤其该知道自己要练习写作，得走另外的路子，从而认真练习起来。走路有人引导，固然是好；在得不到引导的时候，自个儿也要走去：这是自学的说法。至于写不好《学而时习之说》，不过得不到及格的分数，写不好《试以近代文明发展之事实……》，不过考不止高考，做不成官，在我看来，都无关紧要。只要在需要写信的时候写得成一封明白畅达的信，在需要作报告书的时候写得成一份清楚确实的报告书，在意见完成的时候写得成一篇有条有理的论文，在灵感到来的时候写得成一篇像模像样的小说，诸如此类，都是写作练习的实效，自学的成功。这种实效与成功，将终身受用不尽。

阅读的材料与方法

罗先生文中所举七例，其中两个是：

文明者，文化发展之谓。而文化发展之由，莫不有其所自。其所自出者何？曰道而已耳。夫道之为物，视而不见，听而不闻，仅存于人群意识之中。此所谓天视自我民视，天听自我民听者是。凡天下事物背于此意识者谓之逆，合于此意识者谓之顺，顺则文化发达而繁衍，逆则文化萎退而灭亡。古之神权文明封建文明之所以见坠于今日，物质文明民主文明之所以勃兴于此时者，一逆一顺也。然天道靡常，唯圣贤能察而颂之，从而制之。荀子曰，"从天而颂之，孰与制天命而用之"，其是之谓欤。

举凡升天航海代步传情怡心养性启智迪慧，莫不借科学以克服自然繁荣奇异之各种障碍，以促进人类身心优异之发展。

罗先生评这两例为"糊涂"。陈先生说"这二段文章从'国文'观点来看，实在文通字顺。前一个例子最后几句因作者不了解荀子论'天'的意思，与'天道'相混，说得有点冬烘，但文字是通的。但是今日之大学生头脑冬烘，侈谈天道，试问是谁之过？第二个例子，我和罗先生的意见正相反，觉得不但文字通顺，而且文气紧凑而充沛。"我平常想，所谓文字通顺包含两个条件：一是合于语文法，二是合于论理；语文法不是古文笔法，也不是新文学作法，只是我国人口头笔头习惯通行的说法，论理不一定要研习某家名学某种逻辑，只要不违背常情常理，说出来能使一般人理解就成。不知道罗陈两位先生是否同意我这个想头。如果我这个想头不错，那么，罗先生所说"糊涂"就是不合于我所说的第二个条件。陈先生说这两个例子通顺，其实只合于我所说的第一个条件（但前一个例子的"见坠"显然是错误的），而不合于我所说的第二个条件，还是不通顺。陈先生也说前一个例子"有点冬烘"，"冬烘"与"糊涂"与"不合论理"实是近似的说法。至于陈先生说第二个例子"不但文字通顺，而且文气紧凑而充沛"，那恐怕只是故意说说的了。

从前一个例子自易想到读物选材的问题与阅读方法的问题。罗先生"请求中学国文教员选讲适合学生程度的文章"。陈先生说："今日之大学生头脑冬烘，侈谈天道，试问是谁之过？"这句话多少含着责备读物选材不得其当的意思。不得其当就是不适合，哪怕读物本身有很高的价值，对于学生并没有用处；非但没有用处，而且很有害处。试看前一个例子，这个作者很读了些经子，但是说出语来一片糊涂，一派冬烘；虽然这个题目承受着八股的传统，本来也写不成什么好文章，但是作者如果没有读过经子，没有杂七夹八记上一大串，仅凭自己的想头勉强诌一篇，也许不至于这样糊涂与冬烘。这并不是可笑的事，实在是可惨的事，作者显然受了经子的害处。单在试卷上表现糊涂与冬烘，还不要紧；只怕习惯成自然，在日常生活上随时表现糊涂与冬烘，那更惨不胜言了。我曾经听见一个大学一年级学生说，中国如果实行孔子之道，日本小鬼不打自退（他并非说俏皮话，是一本正经说的）。这又是个受害的例子。陈先生说"思想糊涂应该由各科共同负责"，见出教育家的襟怀，我绝对同感。但是国文教材有示范与供给材料的作用，对于学生的思想似应多负一点责任。料知学生将会"天"啊"道"的乱来一阵，对于"天"啊"道"的读物就该郑重将事，或者是消极的不选，或者是看定了学生可以理解而不至于乱来一阵的才选。这只是举个例子。总之，就"是不是切要？""会不会消化？""要不要发生坏影响？"这些个问题考虑一过，选下来的教材总会适合些，得当些。可是担任选材的先生们似乎不大肯考虑这些个问题，在先前，是无意识地继承着向来读书的办法，到近来，"国学根柢"啊"固有文化"啊那一套成了流行性感冒，更有意识地想把经史子集一股脑儿往学生头脑里装。他们的想法又很简单，学生的头脑好比一个空箱子，只消装进去，箱子里就有了那些经史子集了。结果是学生因为不感切要，不能消化，长不成什么"根柢"，领不到什么"文化"；而零零星星的一知半解，以及妄知谬解，不但表现在写作里，同时也表现在日常的思想行动里，却是显然的坏影响。在有心人看来，这正是大可忧虑的事。

学校里课程的设置，通常根据三种价值：一种是实用价值，一种是训练价值，还有一种是文化价值。古书具有文化价值，让学生读些古书，了解"固有文化"，实在不是没有道理。但是重要之点在乎真个做到"了解"，囫囵吞枣与"了解"却是两回事。装进空箱子就算了事，那是把囫囵吞枣认作"了解"，自然发生流弊。我常常想，就教师一方面说，古书非不可教，但是必须清彻通达的人才可以教。单把给学生介绍古书来作例子，要能像编撰《经典常谈》的朱自清先生，介绍起来才不至于引学生走入迷途。就学生一方面说，古书非不可读，但是必须是清彻通达的人才可以读。唯有这样的人读了古书，才会受到文化的涵濡而不会受到古书的坏影响。一个人要达到清彻通达的境界，当然与整个生活都有关系；可是就读书言读书，必须阅读方法到家，才可以真个了解，才可以清彻通达。如果不讲方法或者没有方法，宁可退一步想，教师还是不教古书的好，学生还是不读古书的好。——这自然是为学生的利益着想。

1943 年 11 月 15 日发表

中学国文学习法（节选）

认定目标

学习国文该认定两个目标：培养阅读能力，培养写作能力。培养能力的事必须继续不断地做去，又必须随时改善学习方法，提高学习效率，才会成功。所以学习国文必须多多阅读，多多写作，并且随时要求阅读得精审，写作得适当。

在课内，阅读的是国文教本。用意是让学生在阅读教本的当儿，培养阅读能力。凭了这一份能力，应该再阅读其他的书，以及报纸杂志等等，这才可以使阅读能力越来越强。并且，要阅读什么就能阅读什么，才是真正的受用。

就一个高中毕业生说，阅读能力应该达到如下的程度：

阅读方面——（一）能读日报和各种并非专门性质的杂志；（二）能看适于中学程度的各科参考书；（三）能读国人创作的以及翻译过来的各体文艺作品的一部分；（四）能读如教本里所选的欧阳修、苏轼、归有光等人所作散文那样的文言；（五）能适应需要，自己查看如《论语》《孟子》《史记》《通鉴》一类的书；（六）能查看《国语辞典》《辞源》《辞海》一类的工具书。这里所说的"能"表示了解得到家，体会得透彻，至少要不发生错误。眼睛在纸面上跑一回马，心里不起什么作用，那是算不得"能"的。

以上虽只是个人的意见，我自以为很切实际。一个高中毕业生能够如此，国文程度也就可以了，自己也很够受用了。至于阅读不急需的古书如《尚书》《左传》《老子》《庄子》，写作不切用的体裁如骈文、古文、旧体诗，各人有各人的自由，旁人自然不便说他不对。可是就时代观点和教育立场说，这些都是不必叫中学生操心思、花工夫的。还有文艺创作，能够着手固然好，不能够也无须强求，因为这不是人人都近情的。

靠自己的力阅读

阅读要多靠自己的力，自己能办到几分务必办到几分；不可专等老师给讲解，也不可专等老师抄给字典、辞典上的解释以及参考书上的文句。直到自己实在没法解决，才去请教老师或其他的人。因为阅读是自己的事，像这样专靠自己的力才能养成好习惯，培养真能力。再说，我们总有离开可以请教的人的时候，这时候阅读些什么，非专靠自己的力不可。

要靠自己的力阅读，不能不有所准备。特别划一段时期特别定一个课程来准备，不但不经济，而且很无聊。也只须随时多用些心，不肯马虎，那就是为将来做了准备。譬如查字典，如果为了做准备，专看字典，从第一页开头，一页一页顺次看下去，这决非办法。只须在需要查某一字的时候看得仔细，记得清楚，以后遇到这个字就是熟朋友了，这就是做了准备。不但查字典如此，其他都如此。

应做的准备大概有以下几项：

（一）留心听人家的话。写在书上是文字，说在口里就是话。听话也是阅读，不过读的是"声音的书"。能够随时留心听话，对于阅读能力的长进大有帮助。听清楚，不误会，固然第一要紧；根据自己的经验加以衡量，人家的话正确不正确，有没有罅漏，也是必要的事。不然只是被动地听，那是很有流弊的。至于人家用词的选择，语调的特点，表现方法的优劣，也须加以考虑。他有长处，好在哪里？他有短处，坏在哪里？这些都得解答，对于阅读极有用处。

（二）留心查字典。一个字往往有几个意义，有些字还有几个读音。翻开字典一看，随便取一个读音一个意义就算解决，那实在是没有学会查字典。必须就读物里那个字的上下文通看，再把字典里那个字的释文来对勘，然后确定那个字何音何义，这是第一步。其次，字典里往往有些例句，自己也可以找一些用着那个字的例句，许多例句聚在一块儿，那个字的用法（就是通行这么用）以及限制（就是不通行那么用）可以看出来了。如果能找近似而不一样的字两相比较，辨明彼此的区别在哪里，应用上有什么不同，那自然更好了。

（三）留心查辞典。一个辞也往往有几个意义，认真查辞典，该与前一节说的一样。那个辞若是有关历史的，最好根据自己的历史知识，把那个时代的事迹想一回。那个辞若是个地名，最好把地图翻开来辨认一下。那个辞若是涉及生物理化等科的，最好把自己的生物理化的知识温习一遍，辞典里说的或许很简略，就查各科的书把它考究个明白。那个辞若是来自某书某文的典故或是有关某时某人的成语，如果方便，最好把某书某文以及记载某时某人的话的原书找来看看。那个辞若是一种制度的名称，一个专用在某种场合的术语，辞典里说的或许很简略，如果方便，最好找些相当的书来考究个详细。以上说的无非要真个弄明白，不容含糊了事。而且，这样将辞典作钥匙，随时翻检，阅读的范围就扩大了，阅读参考书的习惯也可以养成了。

（四）留心看参考书。参考书范围很广，性质不一，未可一概而论，可是也有可以说的。一种参考书未必需要全部看完，但是既然与它接触了，它的体例总得弄清楚。目录该通体一看，书上的序文，人家批评这书的文章，也该阅读。这样，多接触二种参考书就如多结识一个朋友，以后需要的时候，还可以向他讨教，与他商量。还有，参考书未必全由自己购备，往往要往图书馆借看。那么，图书分类法是必要的知识。某个图书馆用的什么分类法，其中卡片怎样安排，某一种书该在哪一类里找，必须认清搞熟，检查起来才方便。此外，如各家书店的特点以及它们的目录，如果认得清，取得到，对于搜求参考书也有不少便利。

以上说的准备也可以换成"积蓄"两个字。积蓄得越多，阅读能力越强。阅读不仅是中学生的事，出了学校仍需要阅读。人生一辈子阅读，其实是一辈子在积蓄中，同时一辈子在长进中。

阅读举要

如果经常作前面说的那些准备，阅读就不是什么难事。阅读时候的心情也得自己调摄，务需起劲，愉快。认为阅读好像还债务，那一定读不好。要保持着这么一种心情，好像腹中有些饥饿的人面对着甘美膳食的时候似的，才会有好成绩。

阅读总得"读"。出声念诵固然是读，不出声默诵也是读，乃至口腔喉舌绝不运动，只用眼睛在纸面上巡行，如古人所谓"目治"，也是读。无论怎样读，起初该用论理的读法，把文句中一个个词切断，读出它们彼此之间的关系来。又按各句各节的意义，读出它们彼此之间的关系来。这样读了，就好比听作者当面说一番话，大体总能听明白。最忌的是不能分解，不问关系，糊里糊涂读下去这样读三五遍，也许还是一片朦胧。

读过一节停一停，回转去想一下这一节说的什么，这是个好办法。读过两节三节，又把两节三节连起来回想一下。这个办法可以使自己经常清楚，并且容易记住。

回想的时候，最好自己多多设问。文中讲的若是道理，问问是怎样的道理？用什么方法论证这个道理？文中讲的若是人物，问问是怎样的人物？用怎样的笔墨表现这个人物？有些国文读本在课文后面提出这一类的问题，就是帮助读者回想的。一般的书籍报刊当然没有这一类的问题，唯有读者自己来提出。

读一遍未必够，而且大多是不够的，于是读第二遍第三遍。读过几遍之后，若还有若干地方不明白不了解，就得做翻查参考的工夫。这在前面已经说过了，关于翻查字典辞典，以及阅读参考书，这儿不再重复。

总之，阅读以了解所读的文篇书籍为起码标准。所谓了解，就是明白作者的意思情感，不误会，不缺漏，作者表达些什么，就完全领会他那什么。必须做到这一步，才可以进一步加以批评，说他说得对不对，合情理不合情理，值不值得同情或接受。

在阅读的时候，标记全篇或者全书的主要部分、有力部分、表现最好的部分，这可以帮助了解，值得采用。标记或画铅笔线，或作别种符号，都一样。随后依据这些符号，可以总结全部的要旨，可以认清全部的警句，可以辨明值得反复玩味的部分。

说理的文章大概只需论理地读，叙事叙情的文章最好还要"美读"。所谓美读，就是把作者的情感在读的时候传达出来。这无非如孟子所说的"以意逆志"，设身处地，激昂处还他个激昂，委婉处还他个委婉，诸如此类。美读的方法，所读的若是白话文，就如戏剧演员读台词那个样子。所读的若是文言，就用各地读文言的传统读法，务期尽情发挥作者当时的情感。美读得其法，不但了解作者说些什么，而且与作者的心灵相感通了，无论兴味方面或受用方面都有莫大的收获。

读要不要读熟？这看自己的兴趣和读物的种类而定。心爱某篇文字，自然乐于读熟。对于某书中的某几段文字感觉兴趣，也不妨读熟。读熟了，不待翻书也可以随时温习，得到新的领会，这是很大的乐趣。

学习文言，必须熟读若干篇。勉强记住不算熟，要能自己成诵才行。因为文言是另一种语言，不是现代口头运用的语言，文言的法则固然可以从分析比较而理解，可是要养成熟极如流的看文言的习惯，非先熟读若干篇文言不可。

阅读当然越快越好，可以经济时间，但是得以了解为先决条件。糊里糊涂读得快，不如通体了解而读得慢。练习的步骤该是先求其无不了解，然后求其尽量地快。出声读须运动口腔喉舌，总比默读仅用"目治"来得慢些。为阅读多数书籍报刊的便利起见，该多多练习"目治"。

阅读之后该是作笔记了，如果需要记什么的话。关于作笔记，在后面谈写作的时候说。

最要紧的，阅读不是没事做闲消遣，无非要从他人的经验中取其正确无误的，于我有用的，借以扩充我的知识，加多我的经验，增强我的能力。就是读文艺作品如诗歌小说等，也不是没事做闲消遣。好的文艺作品中总含有一种人生见解和社会观察，这对于我的立身处世都有极大的关系。

刊于为纪念《中学生》月刊总 200 期出版所编的

《中学生手册》增刊

署名叶圣陶

《大学国文（现代之部）》序

这个选本的目录，原先由北京大学跟清华大学的国文系同仁商定，后来加入了华北人民政府教育部教科书编审委员会的同仁，三方面会谈了几次，稍稍有些更动，成为现在的模样。一共三十二题。毛主席的《在延安文艺座谈会上的讲话》列入目录，可没有把全文印在里面，因为这篇文章流传得很普遍，哪儿都可以找到。这是"现代文之部"，另外还要选编个"古典文之部"，跟这个本子相辅而行。

我们选材的标准不约而同。那些怀旧伤感的，玩物丧志的，叙述身边琐事的，表现个人主义的，以及传播封建法西斯毒素的违反时代精神的作品，一概不取。入选的作品须是提倡为群众服务的，表现群众的生活跟斗争的，充满着向上的精神的，洋溢着健康的情感的。我们注重在文章的思想内容适应新民主主义革命的要求，希望对于读者思想认识的提高有若干帮助。就文章的体裁门类说，论文、杂文、演说、报告、传叙、速写、小说，都选了几篇。这些门类是平常接触最繁的，所以我们提供了若干范例。

现在想向读者——大学一年级同学——说几句话。

我们曾经考虑过大学国文的目标：中学毕了业进了大学还要读国文，到底为什么？对于中学国文教学的现况跟成绩，我们也知道一些，可是同学们感受得深切，知道得更多。正好清华大学今年入学考试的几个国文题都涉及国文教学，从试卷里看来，大部分同学都说在中学里没有把国文学好，写作能力差，希望进了大学好好地学一学。说到原由，有的怪自己不肯认真，没有努力；有的怪教师教法不好，诱导无方。看看试卷的文字，写作能力差是真的。我们这就决定：大学国文的目标应当卑之无甚高论，就在乎提高同学们的写作能力。写作能力跟阅读能力有关联，阅读得其道，无论在思想吸收方面或者技术训练方面，都是写作上的极大帮助。现在说写作能力差，大概阅读能力也不见得没有问题吧。而且，即使不管写作，阅读能力也非常切要，吸收的途径虽然那么多，阅读到底是最宽广的一条。因此我们修改我们的决定：大学国文的目标就在乎提高同学们的阅读能力跟写作能力。

我们首先希望同学们记住事实，记住自己的阅读能力跟写作能力还差。这个差呀，倒不在乎考试考不好，分数得不多，重要的是自己生活上不够受用，不能够充量的吸收，适当的表达。为了受用，无论准备学文法的、学理工的，都得好好地把国文补修一下。至于怪自己，怪教师，甚至怪传统的教育精神以及国民党反动政府的教育措施，固然也是探究根源的时候应有的事儿，但是更重要的还在认清楚自己的欠缺在哪儿。仅仅怪这个怪那个没有用处，认清楚了欠缺所在，补修才有准确的方向。

其次，要知道所谓能力不是一会儿就能够从无到有的。看看小孩子养成走路跟说话的能力多麻烦。阅读跟写作不会比走路跟说话容易，一要得其道，二要经常的历练，历练到成了习惯，才算有了这种能力。说阅读跟写作的能力差，并不指没有阅读过，没有写作过，是指以往的阅读跟写作还不怎么得其道，因而经常的历练多半成了白费，不能够养成好习惯。现在要来补修，当然得竭力争取得其道，跟着还得经常的历练，才可以收到实际的效果。

又其次，要知道国文选本只是个凭借，争取得其道不能够空口说白话，有了凭借，历练才有着落。以往阅读是怎样的，大家自己有数，如果发觉其中有些不妥当处，现在阅读这个选本就改变个方法，新的历练从此开始。从此开始可不就此终止，除了这个选本，阅读其他的东西同样的改变个方法，这就逐渐地养成受用的好习惯，也就是阅读能力逐渐地在那里加强起来。不在读法方面多注点儿意，阅读十个选本也是徒然，不用说一个。对这个选本注了意，不能说为了它是选本才注意，应该认清无论阅读什么东西都得这样注意，要不就是草率从事，可能临了儿读了跟没有读一样。常言道"举一反三"，选本的阅读是举一，推到其他东西的阅读是反三，一贯的目的在养成阅读的好习惯，加强阅读能力，一辈子受用：这一点，希望同学们仔细体会，深切同意，并且认真实践。

同学们在中学的时候，国文课也许习惯了听教师的讲解，教师逐字逐句的讲下去，听完他一篇又是一篇。课外当然看些书报，也许习惯了粗枝大叶的看法，匆匆看过就放了手。情形如果像这样，吃亏就在这上头。听教师逐字逐句的讲解是最省事可是最少效果的事儿。理由很简单，你不能够一辈子请教师给你逐字逐句的讲解。你上国文课，目的原在养成独立阅读的能力，专靠教师的讲解距离独立阅读可太远了。课外看些书报诚然是独立阅读，可是你又"不求甚解"，以致什么东西看过了又好像没有看过。现在要改善阅读习惯，加强阅读能力，不能不反其道而行之，尽量地做到独立阅读，独立阅读又尽量地求其不马虎。

怎样才是不马虎？不妨在这儿提出一句口号：了解第一。无论理性的文章或者感性的文章，你要接受它，信从它，欣赏它，感受它，辨正它，批评它。首先必须了解它，否则什么都会落空。了解作者写作的时代跟环境，就文章本身而言，了解文章里作者思想发展的途径最为切要。除了信笔乱写的东西，一篇文章总有个中心，一部书也有个中心，作者的思想怎样从开头逐步发展，环绕着那个中心，把那个中心雕啊刻的让读者能够认识，能够感到，这非了解不可。了解了这个，你才跟作者合得拢在一块儿，你才有接受它，信从它，欣赏它，感受它，辨正它，批评它的资格。要达到这样的了解，自然得用分析的工夫。哪一部分是主要的意旨，哪一部分只是疏解、阐明、描摹、衬托，这一些又各有什么样的作用，必得条分缕析地认清楚才成。同时对于一个语词一种句式也不容忽略，作者用的这一个语词这一种句式，表达的是什么样的意念跟情态，都要毫不含糊地咬个实。一个小节的欠缺了解会妨碍通体的彻底了解，认识全牛不能够放过皮毛、肢体、脏腑跟窾郤。熟极生巧的时候固然可以不费多大心思就达到彻底了解，学习的时候可不也该过分珍惜你的心思。

在学校里修习又有一种好处，自己在课前准备是独立阅读，到上课时候又可以集体阅读。集体阅读如果采用讨论的方式，大家提出问题，彼此解答、辩论、纠正、补充，这就弥补了独立阅读的不足。讨论惯了的时候，眼力更敏锐了，心思更致密了，往后的独立阅读必然会更进一步。这当然不及坐在那里听教师逐字逐句讲解那么省事，可是兴趣好得多了，自己的受用多得多了，尤其重要的还在自己的受用多。要知道以往咱们学校里的各种功课，国文教学受的传统影响最深，书塾的一套方法传到学校的国文课，这是国文教学劳而少功的一个原因。现在要在国文教学收实效，要让同学们多多受用，必须摆脱传统影响，排除书塾的一套方法，由同学们独立阅读同时集体阅读。

再说写作。首先要理解的，是咱们生活上有写作的需要，所以要学习写作，认真写作。写作不是一件装饰品，借此夸奇逞强的。写作的需要大家都有，不必多说。有些人说没有什么可以写的，似乎他们没有需要，其实是他们不曾习惯，因而不能够自觉罢了。一般人感觉写作的困难在拿起笔来的时候，好像一堆乱丝摊在面前，理不出个头绪来，或者好像看见个朦胧的影子，定神看去可看不真切。这种情形通常总说是写作能力差，实际是思想过程还没有完成。写一篇文章或者一部书，像说一番话或者作几次连续的演说一个样，是一连串的思想过程。事前想熟了，想通了，那条途径了然胸中，拿起笔来就可以毫不迟疑，一挥而就。这与其说是不假思索，不如说是先有了腹稿，腹稿的意思就是思想过程完成在动笔之前。至于拿起笔来感觉困难，原由在事前没有想熟想通，这就不能不一边写一边想，随时还得加加减减，修修改改，无非为的完成那思想过程。完成思想过程其实也不太难。要表达什么样的主旨，自己哪有不知道的？所用的材料，直接经验的或者间接得来的，又都有在自己的胸中，只要以主旨为依归加上取舍跟安排，一条途径就成立了。固然，途径未必仅有一个方式，可以这样发展，也可以那样发展，同样地表达了主旨，可是愿意仔细想的总能够找着某一个惬当的方式。把没有完成当作已经完成看，就想一挥而就，那当然感觉困难。知道它还没有完成，完成它就不难了。咱们每天认识些事物，研究些问题，习惯地完成一串串的思想过程，写作不过是把它写到纸面上去罢了，并不是什么特别稀罕的事儿。

其次，写作所用的工具是语言，写下来就是文字，为了种种的理由，现代人要写现代的语言，这当然达到一个结论：语文一致。口头的语言或许不免凌乱些，芜杂些，写到纸面上去可得求其精确、整齐、干净。这个要求并不是另外去造一种异样的语言，只是把语言运用得更精炼一些，它仍然是现代的语言，仍然是语文一致。咱们为了生活上的实际需要，从小就学习语言。平时听人说话、对人说话、阅读书籍、写作文章，一方面为了实际需要，一方面也是在那里学习语言。在学习的过程中，如果有几分自觉心，随时揣摩、分析、比较，什么样的语言才算精确的、整齐的、干净的，得到了解不太难。根据了解的自求改进，只要持之有恒，养成习惯，提高语言也不太难。重要的是那种自觉心，我们愿意在这里特别指出，不一定要系统地研究逻辑学、文法学跟修辞学。能够不脱离生活实际，究明语言跟生活实际的关联，一点一滴的收获自然都会合于逻辑学、文法学跟修辞学，这些学问原来从生活实际中来的。拿起笔来如果感觉语言方面有困难，那该怪以往没有那种自觉心，虽然经常的听、说、读、写，可不曾对语言注点儿意。来者可追，从今为始就得提起那种自觉心。只要一提起，就会觉得随时有可以注意的材料，也就是随时可以做揣摩、分析、比较的工夫，于是提高语言将是必然的后果。语言提高了，临到写作更不用多花心思在推敲语言上，怎样想就怎样说，怎样说就怎样写，好似一股活水自然流注，没有半点儿阻碍。熟习写作的人就是达到了这个境地。为了写作在生活上的切实应用，谁都该鼓励自己达到这个境地。

到这儿可以说一说写作跟读物的关系了。咱们拿读物到手，研读它，目的固然在彻底了解它的内容，挑那好的有用的来滋养咱们的生活。前面说过，要达到彻底了解，得用分析的工夫，辨认作者思想发展的途径，这个工夫同时就训练了咱们的思想习惯。再说，咱们跟作者之间的唯一的桥梁是语言文字，咱们凭借语言文字了解作者所想的所感的，不能不像前面说过的，提起那种自觉心，注意他怎样运用语言文字。注意他怎样运用语言文字，同时就训练了咱们的语言文字的习惯。写作可以从读物方面得到益处主要在这些地方，并不在摹拟仿作，依样葫芦。摹拟仿作是一种玩艺儿，咱们写作是生活上有这个需要，自己有东西要表达出来，决不该让它成为玩艺儿。

希望同学们考量我们在前面说的话，如果认为有意思，就请采纳。阅读跟写作的能力的提高是逐步逐步来的，即使以往不怎么得其道，从研读这个选本开始也不嫌迟，只要能够认真，当一回事儿。临了儿，请不要忘了一年之后估量自己的成绩。

1949 年 9 月 20 日作

署名叶圣陶

《大学国文（文言之部）》序

　　这个选本的目录，由北京大学中国文学系、清华大学中国文学系、出版总署编审局三方面的同仁共同商定。本来想把它叫作"古典文之部"，后来觉得"古典文"这个名儿需要解释，人家单看名儿不看解释容易发生误会，就改作"文言之部"。"文言"这个名儿包括的体裁固然多，可是简要地说，它指称古代绝大部分的笔头语，决不是现代咱们口头的语言。这样的认识差不多是一致的，用上了它，谁都可以一望而知，不生误会。

　　在"现代文之部"的序文里，我们说过大学国文的目标在乎提高同学们的阅读能力跟写作能力。现在就文言说，只消上半句就够了，文言有阅读的需要。就浅近的说，找参考书，不能单看现代的，有时要看古代的跟近代的，古代的跟近代的书大部分用文言编写。还有，大学里有些课本，尤其是理工方面的，也用文言编写。当然，咱们希望今后的大学课本一律用现代文编写，可是摆在咱们面前的有文言的，你要读得下去，就得学习文言。至于写作，那全是自己的事儿，自己有什么意思要表达出来，当然使用最便利的工具，最便利的工具是口头的语言。用文言写作没有实际上的需要了，所以下半句写作能力的话可以不提。

根据以上的认识，我们商定大学同学学习文言的目标是：培养阅读文言书籍从而批判的接受文化遗产的能力。这个目标跟国粹主义完全不同。抱定国粹主义的以为唯有文言书籍值得读，里头有东西。读的时候又得全盘接受，要做的工夫只在疏解跟阐发，能够疏解，就是接受过来了，如果还能够阐发，那是接受得更深切的表现。以往的国文教学往往有这个倾向，实在是承袭了很久以来教育的传统。现在时势转变，大家知道这个旧传统不应该再承袭下去了。可是国粹主义的影响恐怕不容易立刻摆脱，碰到文言又会不知不觉的回上老路去。因此，对于我们商定的目标还得说一说。

普遍用白话写东西从"五四"开的头，到现在只有三十多年，在"五四"以前，绝大多数的书籍是用文言写的。那些书籍当中多少包含着有价值的东西，表现出人类追求真理的努力，值得咱们来学习，来接受。当然，所谓有价值并不等于十全十美，也许还有不少的缺点跟错误，那是因为作者受了时代、阶级、认识的限制，追求真理只能够达到一定的程度。咱们只要用批判的眼光阅读那样的东西，就可以撇开它的缺点跟错误，看出它好的正确的一方面。并且，从这儿还可以看出人类怎样一步步地向前探索真理，因而加强咱们对于真理的把握。过左的想法以为非现代的东西一律要不得，无条件的给它个排斥。那就割断了古今的关联，一切都得从今开始，自然没有什么接受文化遗产的问题。咱们相信古今的关联是割不断的，文化遗产是需要接受的，所以咱们要磨炼批判的眼光，要用批判的眼光阅读已往的书籍。不用说，磨炼批判的眼光决不单靠阅读已往的书籍，主要的还得靠政治思想跟文化知识的提高。文化遗产也决不限于已往的书籍，其他方面还有的是。可是，要想把批判的眼光用在书籍这一宗文化遗产上，能够读通文言是个必要的先决的条件。我们的希望并不怎么样大，我们只希望大学里的同学懂得文言的基本常识，获得阅读文言的普通能力，在接触到已往的书籍的时候，能够用批判的眼光来读它：就是这样。

目标认定了，我们还得重复"现代文之部"的序文里说过的话，"要知道国文选本只是个凭借"，"有了凭借，历练才有着落"。但是，单靠这个选本，单读这么三二十篇东西，是未必就能够达到目标的。必须在阅读选本的时候切实运用好方法，又用这些好方法去阅读其他的东西，这才可以逐渐地养成一辈子受用的好习惯。"不在读法方面多注点儿意，阅读十个选本也是徒然，不用说一个。对这个选本注了意，不能说为了它是选本才注意，应该认清楚阅读无论什么东西都得这样注意，要不就是草率从事，可能临了儿读了跟没有读一样。常言道'举一反三'，选本的阅读是举一，推到其他东西的阅读是反三，一贯的目的在养成阅读的好习惯，加强阅读能力，一辈子受用"。

我们编辑这个本子，预先选了数目超过两倍的文篇，淘汰了好几回，才确定现在这个目录。对于入选的文篇，依据我们的目标，定了些标准。有爱国思想的、反对封建迷信的、抱着正义感，反抗强权的、主张为群众服务的。就思想方法说，逻辑条理比较完密的，我们才选它。换句话说，那篇东西在那个时代、那个环境、那些条件之下是有进步性的，我们才选它。咱们不能要求古人的想法全合于现今的思想政治水平，咱们对于古人的东西必须批判地接受，选读前面所说的一类东西，跟实际并不脱离，同时又便于磨炼批判的眼光。

我们也考虑过教学分量的分配，决定现代文占三分之二，文言占三分之一。如果咱们承认大学国文为的是补修，最要紧的当然是现代文，分量应当多些。按教学时间来说，我们希望把三分之二的时间给现代文，三分之一给文言。或许有人要问："现代文之部"将近三百面，不算少，又加上这个"文言之部"，教学时间可只有一年，读得完吗？我们说：读不完没关系，反正选文只是个凭借，尽可以按二与一之比，在两个本子里头挑来读。剩下的部分呢，留在课外去读。我们说过课内阅读只是举一，在课外阅读剩下的部分正可以反三。如果有个别的班次或者个别的同学国文程度差不多了，不必再花工夫补修，自然可以免修，或者在现代文跟文言里头免修一种。不过我们要郑重提醒，在决定国文程度是否差不多的时候，必须经过精密的考查。这不单是教师的事儿，同学们尤其应该了解，实际需要补修而错过机会不补修，吃亏不仅在同学们本身。

以下我们就语文学习方面说一些话。

文言跟现代文的区别在哪儿？如果要找一个最简单的标准，可以这样说：用耳朵听得懂的是现代文，非用眼睛看不能懂的是文言。在名副其实的现代文（依据现代口语写的）跟文言之间已经有很大的距离。咱们学习文言，应该多少采取一点学习外国语的态度跟方法，一切从根本上做起，处处注意它跟现代口语的同异。辨别同异到了家，养成了习惯，在工具观点一方面就算成功了，虽然咱们的目标不仅是工具观点。

同异可以分几方面来看。第一是词汇。文言跟现代口语比较起来，词汇有相同的，有不同的，有部分相同的，也许最后一种最多。文言里大多数是单音词，现代口语里大多数是复音词。

词汇相同的如"人""手""爱""笑""大""小""国家""制度""经营""商量""聪明""滑稽"。因为相同，不至于发生什么误会，咱们就不需要多费心思。

不同的可得注意，如果疏忽了，也许会不明白文言里说的是怎么回事。如古代"冠"现代口语是"帽"，"辛"是"辣"，"甘"是"甜"，"侏儒"是"矮子"，"怂恿"是"撺掇"，"雉"是"野鸡"，"弈"是"下棋"，"忆"是"想起"，"敛"是"收缩"，"廉"足"便宜"，咱们必须知道两两相当，才能得到确切的了解。

部分相同的大致有以下两种情形。一种情形是文言的单音词包含在现代口语的多音词里头，如"鼻子""带子"里包含"鼻""带"，"指头""外头"里包含"指""外"，"老虎""老鹰"里包含"虎""鹰"，"耳朵""胸脯"里包含"耳""胸"，"讨厌""相信"里包含"厌""信"。又一种情形是两个文言的单音词合成一个现代口语的多音词，如"皮肤""墙壁""行为""官长""美丽""困难""骄傲""单独""更改""制造""增加""分析"，在文言里都可以分成两个单音词，两个中间用一个就成。从这两种情形可以看出现代口语词汇多音化的倾向，为的是说出来便于听清楚，不至于缠混。

最需要注意的是表面相同可是实在不同的那些个，如果不明白彼此实在不同，误会就大了。如同样一个"去"，古代"去"是现代口语的"离开"，现代口语"去"是古代的"往"；同样一个"兵"，古代"兵"是现代口语的"武器"，现代口语"兵"是古代的"士卒"；同样一个"股"，古代"股"是现代口语的"腿"，现代口语"股"是个单位词。又如同样一个"交通"，在古代是"交际，勾结"，在现代口语里是"水陆往来"；同样一个"消息"，在古代是"生灭，盛衰"，在现代口语里是"音讯，新闻"；同样一个"口舌"，在古代是"言语"，在现代口语里是"争吵"；同样一个"时髦"，在古代是"一时的英才"，在现代口语里是"一时的好尚"。又如同样一个"偷"，在古代是"苟且"，在现代口语里是"偷东西"；同样一个"慢"，在古代是"不加礼貌"，在现代口语里是"快"的反面："苟且"跟"不加礼貌"是古代的主要意义，现代可不用了，"偷东西"跟"快"的反面是古代的次要意义，现代可成了唯一意义了。还有些语词，现代的意义把古代的扩大了。如"嘴"，古代写"觜"，只指鸟的嘴，可是现在一切动物的嘴都叫"嘴"。又如

"哭"，古代只指出声的，不出声的叫"泣"，可是现在不管出声不出声都叫"哭"。跟这个相反，有些语词的现代的意义把古代的缩小了。如"肉"，古代指各种动物的肉，可是现在只指猪肉。又有些语词，古代的主要意义现在已经改用了别的，可是引申意义现在还保存着。如"口"的主要意义已经改用了"嘴"，可是"门口""瓶口"都还用"口"。又如"面"的主要意义已经让"脸"替代了，可是"面子""地面""桌面""门面"都还用"面"。（"脸"本来只指"目下颊上"那一小块儿，所以从"脸"这方面看，又是意义扩大，跟"嘴"一样。）

看文言跟现代口语的同异，第二个方面是文法。文言的文法大体上跟现代口语相去不远，值得说一说的有以下三点。

一点是文言里语词的变性跟活用很普遍。动词用成名词的例子如"吾见师之'出'而不见其'入'也"。形容词用成名词的例子如"摧'枯'拉'朽'""乘'坚'策'肥'"。名词用来修饰动词的例子如"豕'人'立而啼"。名词变动词的例子如"'衣冠'而见之""慎勿'声'"。形容词变动词的例子如"敬鬼神而'远'之""相公'厚'我'厚'我"。形容词跟名词变动词，有"以……为"意义的例子如"滕公'奇'其言""孟尝君'客'我"。名词、形容词跟一般动词变成有"致使"意义的动词的例子如"适燕者'北'其辕，适越者'南'其楫""'正'其衣冠，'尊'其瞻视""进不满千钱，'坐'之堂下"。

又一点是文言句子里各部分的次序跟现代口语有些差别。文言里疑问代词作宾语，就倒过来放在动词之前，如"子'何'恃而往？""泰山其颓，则吾将'安'仰？"否定句里代词作宾语，也倒过来放在动词之前，如"时不'我'待""盖有之矣，我未'之'见也"。还有一种倒装的格式，在宾语跟动词中间插个"之"或者"是"，如"非夫人'之'为恸而谁为？""君人者将祸'是'务去"。这类句子又往往在前头有个"唯"，如"不知稼穑之艰难，不闻小人之劳，'唯'耽乐'之'从""除君之患，'唯'力'是'视"。还有，"以"的宾语也常常倒过来放在前头，如"'礼'以行之，'逊'以出之，'信'以成之""若晋君'朝'以入，则婢子'夕'以死，'夕'以入，则'朝'以死"。一般的宾语倒装，或者为了加重，或者为了宾语太长。现代口语也常常应用这个格式，如"这儿的事情，你不用管"。可是在文言里，常常在动词之后补一个代词，如"俎豆之事，则尝闻'之'矣""是疾也，江南之人常常有'之'"。除了宾语倒装，文言里的"以……""于……"往往跟现代口语里的"拿……""在……"位置不同，如"与以钱"（现代口语说"拿钱给他"）；"动之以情"（"拿感情打动他"）；"遇之于途"（"在路上遇见他"）；"杂植竹木于庭"（"在院子里种了些竹子树木"）。可是跟现代口语位置相同的也不少，如"以天下与人"（"把天下给别人"）；"能以足音辨人"（"能够凭脚步声音辨别是谁"）；"寓书于其友"（"寄信给他的朋友"）；"于心终不忘"（"在心里一直忘不了"）。

第三点是文言句子里备部分的省略。先说主语的省略。这是文言里跟现代口语里同样常见的，也许文言比现代口语更多，因为文言里少了一个可以用作主语的第三身代词（"之"跟"其"不用作主语，"彼"又语气太重），除了重复前面的名词，只有省去不说。尤其应该留意的是不止一个主语省略的时候，如"郤子至，请伐齐，晋侯不许；〔　〕请以其私属，〔　〕又不许”。其次说宾语的省略。第一个动词之后的宾语，兼作第二个动词的主语的，常常省略，如“勿令〔　〕入山”"夏蚊成雷，私拟〔　〕作群鹤舞空”"寡人有弟不能和协，而使〔　〕糊其口于四方”。"以""与""为""从"后头的宾语常常省略，如“以〔　〕攻则取，以〔　〕守则周，以〔　〕战则胜”"聊以〔　〕答诸生之意”"不足与〔　〕图大事”"可与〔　〕言而不与〔　〕言，失人，不可与〔　〕言而与〔　〕言，失言”"乃有意欲为〔　〕收责于薛乎”"即解貂覆生，为〔　〕掩户”"八龄失母，寝食与父共，从〔　〕受国文，未尝就外傅”"时过其家，间从〔　〕乞果树”。宾语后头跟着“以……”或者“于……”的时候，那个宾语也常常省略，如“余告〔　〕以故”"其畜牛也，卧〔　〕以青丝帐”"取大鼎于宋，纳〔　〕于太庙”"家贫无书，则假〔　〕于藏书之家而观之”。其他省略宾语的例子如“主人恐其扰，不敢见〔　〕”"张建封美其才，引〔　〕以为客”"褚公名字已显而位微，人多未〔　〕识”"熙宁中高丽入贡，所经州县，悉要地图，所至皆造〔　〕送〔　〕”。省略主语跟宾语之外，"以"跟"于"这两个介词也常常省略。省略"以"的例子如"陈人使妇人饮之〔以〕酒""客闻之，请买其方〔以〕百金""群臣后应者，臣请〔以〕剑斩之"。省略"于"的例子如"予自束发读书〔于〕轩中""饮〔于〕旅馆中，解金置〔于〕案头""秦始皇大怒，大索〔于〕天下"。末了儿，还得说一说"曰"的主语常常省去，有时连"曰"都省去了，如"孟子曰：'许子必种粟而后食乎？'〔陈相〕曰：'然。'〔孟子曰：〕'许子必织布而后衣乎？'"〔陈相〕曰：'否，许子衣褐。'〔孟子曰：〕'许子冠乎？'〔陈相〕曰：'冠。'……"[1]

以上说的三点：语词的变性跟活用很普遍，句子里各部分的次序跟现代口语有些差别，句子里各部分的省略，都是文言的文法方面的事儿。咱们熟习的是现代的语法，对于文言里那些特殊的文法，第一要处处咬实，不让滑

1　从开始谈文言跟现代文的区别到这儿，全都摘录的开明书店版《开明文言读本》第一册导言里的话。那篇导言是吕叔湘先生写的，对子学习文言很有帮助，这儿不能全录，希望同学们自己去找来看。最近那篇导言印了单行本。

过，才可以得到确切的了解。第二要熟习那些文法，像熟习现代的语法一样，阅读的时候才可以顺流而下，不生障碍。

看文言跟现代口语的同异，第三个方面是虚字。这可以说大多数全不相同，得逐个逐个地学。因为全不相同，必须深切的体会，知道某一个虚字在某种场合跟现代口语里的某一个语词相当；进一步，必须熟习那些虚字，念下去就能够正确地通晓，才有用处。要知道某一个虚字跟现代口语里的某一个语词相当，查字典是一种办法。如果能够收集若干句子来看某一个虚字的用法，那就更好。字典下一个定义作一条注解就是这么来的，附列的例句可往往只有一句两句，读者自己收集若干句子在一块儿来揣摩，更可以把所谓某种场合的情况认得真，不只是受动得记住。文言里常用的虚字也不太多，不过一两百个，每个虚字可往往不止一个意义，一种用法。能照前面说的方法做，把一两百个常用的虚字的每个意义每种用法（不管那些生僻的）都认得真，同时也就熟习那些虚字了。当然，字典还是可以查，人家也不妨请教。[1]

辨别文言跟现代口语的同异到了家，在现代文的写作方面也多少有些好处。咱们写的是现代文，依据的是现代口语，最后的目标在写得纯粹，能够上口，能够入耳，一部分写作的人没有顾到纯粹不纯粹的问题，过去的教养跟平时的阅读又离不开文言的影响，写起文章来就不免亦文亦白，不文不白。这样的文章只能看，不能说，不能听，亲切的感觉多少要减少一部分。固然，现代口语要求它尽量丰富，可以从多方面去吸收。文言也是可以吸收的一个方面，只要行得开，大家说得惯就成。语词如"酝酿"，语式如"以……为……"，本来是文言成分，现在都转成口语成分了。但是，文言成分里头有决不能转成口语成分的，譬如文言连词"则"，现在在文章里用得相当广了，可还没有人在谈话或者演说的时候用过，可见这个"则"没法儿吸收。硬把没法儿吸收的吸收过来，收不到丰富语言的功效，倒发生了语言不

---

1 《开明文言读本》的导言里收集一百五十多个常用的虚字，按照字典的方式，说明意义，并且附列例句，极便于检查。

纯粹的毛病。唯有认清楚语言发展的情况以及文言跟现代口语的同异，才不至于发生这样的毛病。再说，咱们现在还不能废掉汉字不用，但是为了种种的理由，将来总得废掉汉字，改用标音的新文字。用了标音的新文字，写一些不能说不能听的文章，那时连作者自己也会看不懂自己昨天写的文章的，何况叫别人看。为给将来改用新文字铺平道路起见，咱们现在就得有意识地把文章写得纯粹。写纯粹的口语，能说又能听——单就文体来说，这样的文章才是名副其实的现代文。

关于语文学习方面的话到这儿为止。我们在前面说过，编选这个本子的时候也有思想政治的标准，希望同学们掌握住标准，真正做到批判地接受。至于语文学习方面，这儿不过说个大概，举些例子，希望同学们自己去类推。不单在阅读这个选本的时候，就是阅读其他文言的东西也随时留意。临了儿，我们重复"现代文之部"的序文里说过的，"请不要忘了一年之后估量自己的成绩。"

1950 年 4 月 10 日作

署名叶圣陶

读书二首

应祖璋嘱，题赠闽省之科普刊物。

读书忌死读，死读钻牛角；

矻矻复孜孜，书我不相属。

活读运心智，不为书奴仆；

泥沙悉淘汰，所取唯珠玉；

其精既在我，化为血与肉。

斯得读之用，书可束高阁。

外此复有说，读书岂云足？

尚有若干书，犹未经写录，

或由理未明，或由见未熟；

此虽不名书，并宜萦心目。

庄云知无涯，无涯宁退缩？

伟哉唯人类，探索永相续。

善读未写书，不守图书馆；

天地阅览室，万物皆书卷。

知常与察变，齐下操双管，

心之官则思，至理终必阐。

缅怀达尔文，早岁抱宏愿，

航海历诸洲，动植兼究探；

同中乃有异，其异何由判？

又复考化石，于焉察古远；

从知简趋繁，生命实一贯。

煌煌进化论，厥功达翁冠；

教宗神异说，一一如冰涣。

裨益于人类，其量宁可算？

1980 年 6 月 20 日作

刊《科学与文化》1 期

署名叶圣陶

读物的选择

·····

关于读古文　/　读经与读外国语

读《教育杂志·读经问题专号》　/　给与学生阅读的自由

中学生课外读物的商讨　/　给少年儿童多介绍课外读物

给中学生介绍古书——读《经典常谈》

关于读古文

　　五四运动以后，大家改用白话文写文章，有少数迷恋骸骨的人，偶然情不自禁地作几篇古文，写几首旧体诗词，便拿"旧瓶装新酒"的比喻来聊以解嘲：他们以为文体虽旧而思想却是新的，正和旧瓶里装着新酒一样。后来用白话作的文章，也有理论和思想都很陈腐的，便有人说："旧瓶可以装新酒，新瓶也可以装陈酒的。"

　　其实这些比喻都不切当：酒和瓶是两种东西，而文章的外形与内涵却有连带关系。用白话作的文章固然可以有理论和思想都很陈腐的，但用古文的格调写出来的文章，决不能把现代的学术思想充分发挥。理由很简单：古人的语气不能代表现代人的说话；而古书里的词汇也不够做写现代文的运用。举例来说，六朝人都喜欢作骈文，但六朝人翻译佛经却另创一种新散文，因为骈文的格调不能把经典的原意完全表达出。同样地，我们如果用古文的格调来写一篇讲辩证法的论文，或翻译一篇外国的小说，一定词不达意，连作者或译者自己看了也会莫名其妙的。（用古文来翻译西洋的哲学及文学作品，严复、林纾都尝试过，但就他们的成绩看来，有许多地方把原作的精意遗漏了或改变了。尤其是文学作品，用古文翻译，会把原作的精神完全失去了的。）

古文是骸骨，我们不能把灵魂装进骸骨里去，使它起来跳舞，正和不能用古文的格调来发挥现代的学术思想一样。因此，我们如果为要了解古代的学术思想或鉴赏过去的文学作品，不妨把《庄子》《文选》一类的书选读。但倘妄想靠这些古书来开拓思路，丰富词汇，以增进写作能力，简直是缘木求鱼。尤其是模仿那些古书的格调来写文章，其结果非离开现代，把自己造成一个古董不可。

五四运动已经过去好多年了，一班在五四时代大声呵斥作古文或旧诗词者为迷恋骸骨的，或曾受五四的洗礼努力用白话写作而现在已成了名的，正在回过头来劝青年们多读《文选》一类的书，以增进写作的能力；或借旧瓶可以装新酒，新瓶也可以装陈酒的比喻，以为文章可以不必讲形式的新旧，很巧妙地把"白话""文言"并为一谈。无论他们是真正的蒙昧或有意欺骗青年，在客观上不能不认为是时代的反动者。

刊《中学生》杂志40号（1933年12月1日）

署名补之

读经与读外国语

最近教育部发出通令说："近查各地初级中学及小学有指定经书强令学生诵习者；亦有小学诵习文言，或增加英语、日语等科目者。是不特违背本部所颁中、小学规程及课程标准之规定，抑且加重学生担负，转使算学与自然科学等成绩日趋低劣，殊属非是。"以下的话是令各省教育厅饬知所属中、小学，"所有课程、科目及国文、国语等内容务须遵照法令办理。"这是一道开明的通令，颇可赞许。但是，就从这上边，可以知道现在正有若干中学生、小学生在那里诵习经书，更有若干小学生在那里诵习文言或者英语、日语。若从教育的见地来说，这是大可注意的反动现象和危亡现象；负其责的是教育者或者学生的父兄，而被牺牲的却是学生。

开通的教育者反对中小学生读经，一般顽旧的人便惊骇狂叫："你们要灭绝经书，你们是洪水猛兽！"这已是十几年前的旧戏了，然而到今日还得重演。其实顽旧的人并没有看得真切，反对中小学生读经的人何尝要灭绝经书，不过对于经书的认识比较正确一点罢了。他们以为经书是我国哲学、史学、文学上的一些材料，大学里研究这些科目的学生拿来下功夫是应该的；中小学生要学习的正多，所学习的正多，所学习的又都是即知即行的事项，不像大学生那样偏于纯理智的研究，所以经书的诵习实非所宜；即使经书里确有了不得的精义，非令中小学生领受不可，也该融化在各种科目里头，以通俗便易的形式呈现于中小学生的面前。试问，这样中庸的见解应当受"洪水猛兽"的毒骂么？但是顽旧的人哪里肯平心静气想一想呢？他们感觉自己的地位不很稳固，他们感觉今日的青年不易管教，他们也叹息于教育的失败，他们也愤慨于国运的危殆，而推求其原因，都归结到学生不读经之故。他们以为只要学生读了经，什么事情就会变好了。于是手里执着教育权的就令学生读经，身为父兄的令子弟读经；谁出来反对时，便炮弹一般轰过去，"你们是洪水猛兽！"照目前的社会状况，他们的不安和伤叹是只有加重不会减轻的。在最近的将来，读经的风气或将更为流行，也未可知。那就要有更多的中小学生陷落在厄运里，而教育部的通令除了供他年编教育史时作为材料以外，也就等于白纸了。

再说小学生读外国语，在上海是很通行的，最简陋的"弄堂学校"里也列有英语的科目。我们且抛开小学生该不该读外国语的问题，单问我们所以要读外国语为的是什么？回答很容易：我们要把外国语作媒介，从而接触外国的文化呀。然而，这只是少数傻子的想头，多数人却自有他们的巧妙的打算。他们艳羡那些"洋行买办江白度"，以为"江白度"的条件是能说外国语，便奉外国语为绝顶重要的科目，父诏其子，师勉其弟，"你要用心把外国语读通才好啊，否则便不能伺候你的外国主人！"从中学时代读起来还嫌来不及，于是小学里也设起外国语的科目来。据我们所知，自从九一八事件发生以后，各地学校颇有添设日语的科目的。他们的动机都由于兵法上所谓"知己知彼"么？我们不甚相信。至少有一小部分存着预备伺候外国主人的想头吧。《颜氏家训》里有一则说："齐朝有一士大夫尝谓吾曰：'我有一儿年已十七，颇晓书疏。教其鲜卑语及弹琵琶，稍欲通解，以此伏事公卿，无不宠爱，亦要事也。'吾时俛而不答。异哉此人之教子也！若由此业自致卿相，亦不愿汝曹为之。"一班切望学生子弟作"江白度"的教师父兄便是这个士大夫的同志。他们正配作亡国奴，我们也不想对他们说什么。我们只希望读着外国语的中学生乃至小学生自己清醒一点，不要作这种亡国奴的想头而已。

刊《中学生》杂志 46 号 (1934 年 6 月 1 日)

未署名

读《教育杂志·读经问题专号》

上月份,《教育杂志》出了一个《读经问题专号》,专门刊载"全国专家对于读经问题的意见"。这个专号所刊专家的文章共有七十多篇,可以说是洋洋大观。所谓读经问题,就是要不要把经书列在学校课程里头,让中小学生去修习的问题。这跟中学生大有关系,所以我们特地提出来报告给我们的读者;读者如果方便的话,不妨取这一期的《教育杂志》来看看。在这里,我们还写一点我们对于这个专号的"读后感"。

经书是什么?是我国古代哲学、文学、政治、经济、民俗等等的总记录,而大部分染上了儒家的色彩的。谁如果是一个这些方面的专门家,或者是大学里研究我国古代哲学、古代文学等等的学生,那么经书是他所必须修习的东西。这层意思我们曾经屡次说过；在《教育杂志》这个专号里，即使是最反对读经的专家，也都这么说。这并非一种主张，乃是当然的事实。

中小学生并不作这方面专门研究；中小学生自有规定在那里的课程。那么，经书对于中小学生绝对不需要，也是当然的事实。为什么偏有一些人主张把经书列入学校课程，非使中小学生修习不可呢？

这由于他们对于经书的认识不同；换一句话说，他们并没有认识什么是经书。他们把经书认作一种符咒似的东西，凡是正人心、治天下、雪国耻、兴民族等等目的，都可以从读经这一个简便的手段来达到。我们不愿意用恶意去测度他们，我们承认他们完全是一片真诚；然而，他们这种迷信符咒的态度，不是和原始民族差不多吗？跟原始民族差不多的人物，而处于教育青年指导青年的地位，这岂不使青年大吃其亏？

在这一个《读经问题专号》里，大概从教育的立场说话的人都不主张让中小学生读经。这本来不是什么深奥的道理，一个人只要不抱迷信，懂得一点现实的情状，自然会知道要中小学生读经简直是胡闹。然而，现在教育界中偏多不从教育的立场说话的人，更有教育界以外的人也硬要来管教育界的事，致使那些从教育的立场说话的人有开口为难之感。这是现在教育的实况。因为有这一种实况存在，我们如果把话说得偏激一点，一个少年，一个青年，若不希望取得一张文凭而只想有一些真实的知识和能力的话，实在没有受学校教育的必要。否则我们就得要求学校教育整个的改革——凡是不懂得教育的人不配来说什么话，出什么主张；凡是教育的设施必须切实顾到国家民族的福利跟受教育者的身心健康。

刊《中学生》杂志56号（1935年6月1日）

署名编者

给与学生阅读的自由

我们知道现在中等学校里，对于学生课外阅读书报，颇有加以取缔的。取缔的情形并不一律。有的是凡用语体文写作的书报都不准看。说用到语体文，这批作者就不大稳当。却没有想到给学生去死啃的教科书大多数是用语体文写作的。有的是开列一个目录，让学生在其中自由选择。说目录以外的书报都要不得，谁不相信，偏要弄几种来看，只有一个断然处置的办法——没收！有的更温和一点，并不说不许看什么，却随时向学生劝告，最好不要看什么。一位教师在自修室外面走过，瞥见一个学生手里正拿着一本所谓最好不要看的东西，他就上了心事，跑去悄悄地告诉另一位教师说："某某在看那种东西了呢！"那诧怪和怜悯的神情，仿佛发见了一个人在偷偷地抽鸦片。于是几位教师把这事记在心上，写上怀中手册，直到劝告成功，那学生明白表示往后再不看那种东西了，他们才算在心上搬去了一块石头。——这虽然温和一点，然而也还是取缔。

这样把学生看作思想上的囚犯，实在不能够叫人感服。学生所以要找一点书报来看，无非想明白当前各方面的情形，知道各式各样的生活而已。既已生在并非天下太平的时代，谁也关不住这颗心，专门放在几本教科书几本练习簿上。当然，所有的书报不尽是对于学生有益处的。但只要学校教育有真实的功效，学生自会凭着明澈的识别力，排斥那些无益的书报。现在不从锻炼学生的识别力入手，只用专制的办法来个取缔，简便是简便了，然而要想想，这给与学生的损害多么重大！把学生的思想范围在狭小的圈子里，教他们像号子里的囚犯一样，听不见远处的风声唱着什么曲调，看不见四围的花木显着什么颜色。这样寂寞和焦躁是会逼得人发疯的。我们曾经接到好些地方学生寄来的信，诉说他们被看作思想上的囚犯的苦恼。只要一读到那种真诚热切的语句，就知道取缔办法是何等样的罪过。

教师和学生，无论如何不应该对立起来。教师不是专制政治下的爪牙，学生不是被压迫的民众。教师和学生是朋友，在经验和知识上，彼此虽有深浅广狭的差别，在精神上却是亲密体贴的朋友。学生要扩大一点认识的范围，做他们亲密体贴的朋友的教师竭力帮助他们还嫌来不及，怎忍把他们的欲望根本压了下去！我们特地在此提出来说，希望做了这种错误举动的教师反省一下，给与学生阅读的自由。

刊《中学生》杂志 72 号（1937 年 2 月 1 日）

署名编者

中学生课外读物的商讨

一

　　这个题目是教育部出给我的。我以为对于诸位同学来说，这个题目的确很关重要，为着自己的知识和能力的长成起见，你们本就应该仔仔细细想一想。我说的不过是我个人想到的一些意思，也许多少可以供你们作参考。你们听了我说的，如果对于课外读物有了更清楚的认识，对于利用课外读物有了更适当的方法，就是我的荣幸了。我准备分两次来讲。这一次讲两个节目：一个是课外读物的必需，一个是课外读物的类别。下一次再讲怎样阅读课外读物。

　　课外读物是必需的吗？这是个不成问题的问题，谁都知道是必需的。但为什么是必需的呢？这有给以回答的必要。

假如回答不出来，或者只能模模糊糊地回答，都不能算已经懂得了课外读物是必需的。

和课外读物相对的，自然是课内读物。课内读物指的什么呢？无非是各科的教科书，也有不用教科书而用讲义的，那讲义也是课内读物。要知道，教科书和讲义的编撰，都不是由编辑员和教师自作主张的，须得根据教育部颁布的"课程标准"。"课程标准"详细规定着各科教材的内容纲要；编辑员编撰教科书，教师编撰讲义，都得按照规定的内容纲要，逐一加以叙述或说明；叙述和说明还不能过分详细繁复；要不，每一科的教科书和讲义都将成为很厚的一部书。所以教科书和讲义还只是一个纲要，比"课程标准"规定的内容纲要略为详明的纲要。单凭这个略为详明的纲要来学习是不济事的，所以还得请教师来给学生讲授，教师的讲授并不重在文字的解释，而重在反复阐明教科书和讲义所提及的内容。万一学生把教师所讲授的某一部分忘记了，翻开教科书和讲义来看，就可以唤起记忆，追回那些忘记了的。说到这里，你们就可以明白教科书和讲义的作用了：在学习之前，不过提示纲要；在学习之后，不过留着备忘罢了。

课内读物的作用既然不过如此，就见得课外读物的必需了。读了历史教科书，再去找一些关于历史的课外读物来看，读了动物讲义，再去找一些关于动物的课外读物来看，其意义等于在教室里听教师的反复阐明的讲授。教师的讲授限于授课的时间，实际上还是只能作扼要的叙说，举几个简单的例子；课外读物却不受什么限制，叙说尽可详尽，举例尽可繁富，你要知道历史上某一事件的前因后果，你可以看专讲这一事件的书；你要知道某种动物的生活详情，你可以去看专讲这种动物的书；看过以后，对于教科书和讲义中所提示的，教师口头所讲的，你就有了更深更广的印证。任何知识都是这样的，仅仅浮在面上，猎涉一点儿概要，是没有多大用处的；越是往深里往广里去研求，越是容易豁然贯通，化为有用的经验。而课外读物，正是引导你往深里广里去研求的路径。

以上说的是你们学习各种科目，为了求得深切的了解，单读教科书和讲义是不够的，还必须找与各种科目有关的课外读物来看。

除了与各种科目直接有关的读物以外，你们还要看其他的课外读物。譬如，你们修养身心，不但在实际生活中随时留意，还想知道古人今人是怎么说的，以便择善而从；这时候，你们就得看关于修养的书。你们要认识繁复的人生，理解他人的生活和思想感情，不仅为了领受趣味，还想用来陶冶自己，使自己的人格更为高尚；这时候，你们就得看各种文学作品。国难日重一日，这是无可讳言的，你们深感"知己知彼"的必要，在"知彼"这个项目下，你们自然而然想知道日本的一切情形；这时候，你们就得看关于日本的书。广义地说，这些书也和各种科目有关：关于修养的书，可以说是公民科的课外读物；各种文学作品，可以说是国文科的课外读物；关于日本的书，可以说是历史科地理科的课外读物。可是这些书讲的并不限于教科书和讲义的范围，更不是教科书和讲义的详尽的注脚，因而跟前面所说的那些书究竟有所区别。前面所说的那些书通常称作参考书，是学习各种科目的辅助品；这些书却直接供应实际生活的需要。实际生活中需要什么，你们才去找什么书来看，为了充实你们的生活，你们必须扩大阅读范围，去看各科参考书以外的各种性质的课外读物。

对一个中学生来说，有两种习惯是必须养成的。哪两种习惯呢？一是自己学习的习惯，一是随时阅读的习惯。无论什么事物，必得待教师讲授过了才去关心，教师没有讲授过的，即使摆在眼前也给它个不理睬，这种纯粹被动的学习态度是万万要不得的。你们大概听说过"举一反三"的话吧，教师的讲授无论如何详尽，总之只是"举一"；学校教育所以能使学生终身受用，全在乎让学生受到锻炼，养成"反三"的能力。教师决不能把学生所需要的事事物物一股脑儿教给学生，学生在一生中需要的事事物物却多到不可以数计，如果没有"反三"的能力，只有随时碰壁而已。所以，纯粹被动的学习态度必须彻底打破。学生不应该把教师的讲授看作学习的终极目的；教师的讲解只是发动学习的端绪，学生必须自己再加研求，才可以得到能运用于实际生活的知识和能力。即使教师不曾讲到的，不曾给过端绪的，学生为了实际生活的需要，也必须自找门径加以研求，这才是自动的学习态度，也就是自己学习的态度。凡是态度，勉强装扮是不行的，勉强装扮只能敷衍一时，不能维持永久；必须养成习惯，行所无事而自然合拍，才能历久不变，终身以之。

所以单知道应该采取自己学习的态度是不够的，尤其重要的是要养成自己学习的习惯。

自己学习不限于看书，从实际事务中历练，对具体事物的观察、推究、试验，都是自己学习的方法。可是书中积聚着古人今人的各种经验，收藏着一时找不到手的许多材料，对于自己学习的人来说，书究竟是必须发掘的宝库。因此阅读课外读物实际上有双重的效果，除了随时得到各种新的收获外，还可以逐渐养成自己学习的习惯。

你们大概也听说过一些文化发达的国家，它们的人民是如何地爱好读书，学问家不必说了，就是商店里的店员，工厂里的工人，也都嗜书如命，得空就读书成了习惯。你们再想想自己的周围，家里的人有几个是经常读书的？亲戚朋友中有几个是经常读书的？如果你们花点儿工夫考察一下，就会知道那些企业家就很少经常读书的，政治家中嗜书如命的也不多，甚至大学教授，除了他们所教的课本以外，有的也不再读什么旁的书了。我国一向把求学叫作"读书"，又以为求学只是学生该做的事，不当学生了就无须再求学，也就用不着再读书了。这个观念显然是错误的，而普遍不读书的现象正是这个错误的观念造成的。大家都说我国的国力不如人家。所谓国力，不限于有形的经济力量、军事力量等等，一般民众的精神和智慧也占着重要的成分；普遍的不读书，民众的精神如何能振奋起来？智慧如何能得到发展？跟经济力量军事力量的不如人家相比较，普遍的不读书至少有同等的严重性。

不爱读书的中年人和老年人是没有什么办法的了，除非他们忽然觉悟，感到读书的必需，自己去养成读书的习惯。可是青年人为了充实自己，也为了充实我国的国力，非在学生时代养成随时阅读的习惯不可。所有的青年人都注意到了这一点，那么在不久的将来，我国就可以成为一个普遍爱好读书的国家。随时阅读的习惯，不是读几本教科书和讲义能够养成的。教科书和讲义是教师指定要读的，而要养成的，却是不待别人的指定，能随时阅读自己所需要的书的习惯。教科书和讲义不过是一个比较详明的纲要，而要养成的，却是不以只知道一个纲要为满足，能随时阅读内容丰富体裁各异的书的习惯。这种随时阅读的习惯，只有多读课外读物才能养成。

至于课外读物的类别，依据前面所说的，大致可以分为四类，第一类是各种科目的参考书。如学习了动物学植物学，再去看一些有关生物学方面的书，学了物理学化学，再去看一些讲这些科学家发现和发明的书，这些书就属于这一类。第二类是关于修养的书，如伟大人物的传记，学问家事业家的言行录，都属于这一类。第三类是供欣赏的书，小说、剧本、文集、诗歌集，都属于这一类。第四类是供临时需要的书。如预备练习游泳之前，去看一些讲游泳方法的书；当社会上发生了某种问题的时候，去看一些关于某种问题的书，这些书就属于这一类。

　　这样分类，并非由书的本身着眼，而是以读书的人如何利用这些书作为依据的。同一部书，由于读它的目的不同，可以归到不同的类别中去。譬如一部《史记》，如果作为历史科的补充来读，当然属于第一类；如果为了欣赏它的雄健的文笔和生动的描写，就属于第三类了。一部《论语》，如果作为领受儒家的伦理来读，当然属于第二类；如果为了知道《论语》是怎样的一部书，就属于第四类了。还有一点必须说明的，读一本书的目的虽有所专注，但是读过以后，所受的影响并不限于原来的目的。为着参考去读《史记》，多少也会欣赏到一点儿《史记》的文笔的雄健和描写的生动。为着修养去读《论语》，同时也会了解《论语》是怎样的一部书。我们只能这样认定，为着某个目的去读某一部书，就把某一部书归入哪一类。

现成的书并不是都为中学生编撰的，因而有许多不是中学生所能理解所能消化的。尤其是古书，除了内容外，还有文字上的种种障碍。就像方才说到的《史记》和《论语》，恐怕高中学生也难以通体阅读，没有丝毫疑难。如果能各编一个删节本，把不很重要的部分删去，再加上简明精当的新注，前面再加一篇导言，说明这本书的来历，指示这本书的读法，方能适合中学生阅读。因为提到了两部古书，才引起了我的这一番话，中学生需要的课外读物多数不是古书。但是不管怎么说，现成的书大多不很适合中学生的理解能力消化能力，所以特地而又认真地为中学生编撰各种科目的课外读物是十分必要的。出版界现在渐渐地明白了这一点，而且正在努力，这是一个很好的现象。

除了整本整部的书，各种各样的杂志也是课外读物。杂志上的文章，可以归入第三类第四类的居多，其中属于第四类的尤其重要，当社会上发生了某种问题的时候，杂志上会及时地有所论述，这是其他的课外读物所不能代替的。至于第一类，专供学习某一科目作参考的杂志，现在还不多见，希望出版社看到中学生的需要，将来能办起来。

这一次，我就讲到这里为止，其余的话留到后天再讲。

1937 年 5 月 20 日讲

二

上一次，我讲了课外读物为什么是必需的，还依据阅读的目的不同，把课外读物分为四类。又说阅读课外读物可以养成两种好习惯：自己学习的习惯和随时读书的习惯。这一次主要讲怎样阅读课外读物。在讲之前，我想先说一个另外的问题。

我知道各地的中学，大体上是鼓励学生阅读课外读物的，但是往往指定某些读物必须加以取缔，不准学生阅读；

被取缔的大多是暴露现实的文学作品和关于政治经济的叙述和评论。学校当局采取这种措置，我们可以体谅他们的善意和苦衷：他们无非要学生思想纯正，感情和平，不为偏激的震荡的东西所扰乱；他们取缔的，就是他们认为偏激的震荡的那些读物。但是他们不想一想，对于学生来说，最重要的是培养明澈的识别力。学生有了明澈的识别力，对某一件事物应该有怎样的看法，什么议论应该赞同，什么议论应该反对，就会自己作出判断。学生要是没有明澈的识别力，你要学生坚持的东西即使都是对的，学生也不明白到底对在哪儿；你要学生回避的东西即使真是要不得的，学生也不明白到底为什么要不得。而取缔某些读物的做法，正剥夺了学生自己锻炼识别力的机会。

学校当局大概不会不知道，取缔的办法实际上是无法彻底做到的。越是不准阅读的东西，越是想弄一本来看看，这是青年人的常情。为了遵守学校的禁令，在学校里固然没有人看那些被取缔的读物了，可是出了学校的大门，只要能弄到手，尽不妨自由阅读。再进一步说，学生即使出了学校也不去看那些读物，社会上的各种现象罗列在学生眼前，各种议论在学生耳边沸沸扬扬，学生能视而不见听而不闻吗？对的不对的，要得的要不得的，学生在生活中既然随时都得碰到，那就只有用明澈的识别力去判断，才可以立定脚跟，知所取舍。学校当局取缔某些读物固然出于善意和苦衷，实际上只是个消极的不很有效的方法；积极有效的方法要从锻炼学生的识别力着眼；不采取取缔的措置，让学生自由地阅读，同时给学生以平正的通达的指导，使学生的识别力渐渐地趋向正确，趋向坚定。经过这样的锻炼而养成的识别力，不但在学生时代有用，简直可以终身受用不尽。这样的效果，不是比漫然取缔某些读物强得多吗？希望学校当局为学生的利益着想，仔细地考虑一下这个问题。

学生在阅读课外读物的时候也应该明白，写在书上的东西并不是完全可以信赖的。阅读固然要认真，但是尤其重要的是要抱着批判的态度，要区别哪些是应该接受的，哪些是不该接受的，不能"照单全收"。不加区别地"照单全收"绝对不是妥当的读书方法，也不能提高自己的识别力。那么批判用什么作为标准呢？我想，用"此时""此地"来作标准，大致不会出什么错。凡是跟"此时"和"此地"相适应的，大概是可取的，当然还得经过实践的检验；凡是跟"此时"和"此地"不相适应的，一定是不可取的，至多只可以供谈助而已，决不能作为自己的行动方针和生活目标。

阅读课外读物，首先不能不谈到时间问题。中学里科目繁多，各科的教科书和讲义都得在课外温习，还有笔记和练习等作业大部分得在课外做，要划出充裕的时间来阅读课外读物，事实上是办不到的。上一次我说过了，阅读课外读物可以养成随时读书的习惯，这就要每天阅读，持之以恒，时间少一点儿倒不妨事。有的书读起来并无困难，一个钟头可以阅读一万字，即使要费点儿心思的，一个钟头也可以读五千字。就以五千字算吧，一本十万字的书，每天读一个钟头，二十天就可以读完。二十天读一本书，一年不就可以读完十八本吗？从初一到高三这六年里年年如此，不就可以读完一百零八本吗？这就很可观了。一年里头还有两个不短的假期，暑假和寒假，都是阅读课外读物的好时机，假如每天读三个钟头，这不算太多吧，两个假期合起来作为八个星期计算，就有一百六十八个钟头，至少可读完八本书，六年又是四十八本。所以时间并不是不充裕，只要坚持不懈，成绩是很可观的。

上一次，我说课外读物大致可以分为四类：第一类是各种科目的参考书；第二类是关于修养方面的书，第三类是供欣赏的书，第四类是供临时需要的书。因为读书的目的不同，阅读的方法也就各异。读第一类和第四类读物，目的只求理解。只要读过之后，能通体理解书中所说的内容就可以了。譬如在物理课上学到了杠杆定理，你想多知道一些杠杆的实际应用，就可以找一本这样的书来看；你学游泳，想知道一些游泳的方法，就可以找一本游泳入门之类的书来看：读这些书，只要达到了目的，理解了书中的内容，你就不妨把书丢开；如果真个理解了，就会终身难忘，不必再看第二回了。至于作者的身世，作者写书的旨趣是什么，作者的文笔怎么样，都可以不必过问，因为对于理解杠杆的运用和游泳的方法没有多大的关系。但是阅读的时候必须认真，不能放过一个词语的涵义，一句话语的真义，决不能采取不求甚解的马虎态度，以致造成曲解和误解。

阅读第二类和第三类读物，可不能但求理解。读第二类书，目的在于修养身心，是要躬行实践的。读第三类书，目的在于跟着作者的眼光去观察社会，体会人生。所以阅读这两类书，不但要理解书中的内容，还要对作者有充分的认识。在读这两类书的时候，其实等于和作者交朋友，由文字作媒介，求得与作者心心相通。但是光靠一两本书，对作者的理解究竟是有限的，还有进一步熟悉他的生平的必要。阅读一位哲人的言行录，同时要考求他生活的历史时代，他一生的重要事迹；阅读一位作家的文学作品，同时要考求他对生活的态度，他创作的时代背景：经过一番考求，得到的益处就会比仅仅读他的一两本书多得多。这两类书往往不能读过一回就算了事。第一回读，在这一方面得到了若干解悟，第二回读，又在另一方得到了若干解悟，或者解悟一回比一回深入。善于读这两类书的人都有这样的体会。有些书竟能使人终身阅读而不感厌倦，好像是发掘不完的宝藏，每读一回总会有新的收获。

　　无论读哪一类书，都必须使用工具书，如字典、辞典、图表等等。要知道一个字的精密的解释，一个词语的正确的涵义，就得翻查字典和各科辞典。要知道一个地方的正确位置，就得翻查地图。要知道各种东西的实相，就得翻查各种图谱。要知道一个人物的经历，一件事情的概要，就得翻查年谱和大事表。工具书是不开口的顾问，会回答你的各种疑难；工具书又是包罗万象的博物馆，能让你查考各种想知道的事物。个人要置备所有的工具书是办不到的，你得尽量利用学校图书馆和公立图书馆里的工具书。在阅读各种课外读物的同时，你得熟悉各种工具书，养成查阅工具书的习惯。

有的书比较容易读，读起来用不着花多大的力气，有的书比较艰深，读起来并不怎样松快。但是无论什么书，都不能让眼光像跑马似的溜过就算，一定要集中心思，把注意力放在书上。这是第一。第二，一口气直往下读，不如每读一段，稍稍停一停，回过头去想一想这一段主要说了些什么。一口气往下读往往不能消化，好像囫囵吞枣一个样；停下来想一想就像咀嚼一个样，才能辨出真的滋味来。对于第二类和第三类的课外读物，尤其需要下这个功夫。第三，想到了什么，不妨随时提起笔把它记下来，这就是读书笔记。想的时候往往比较杂乱，比较浮泛；写下来就非有条有理不可了，非切切实实不可了；所以写读书笔记是督促自己认真阅读的一个好办法。读书笔记或者采用列表的形式，或者采用杂记的形式，可以根据所读的书的性质而定。

讲述读书方法的书和文章，都应该看，懂得了方法，往往可以"事半功倍"。大多数书的前头都有序文，序文有的介绍这本书的内容，有的介绍这本书的作者，有的指导这本书的读法。在读本文之前，先读一遍序文，也可以达到"事半功倍"的效果。

我的话讲到这里为止了。我自己知道讲得比较乱，也有没有讲到的地方。请诸位同学代我求你们的老师修正和补充。

1937 年 5 月 22 日讲

刊《播音教育月刊》1 卷 9 期

署名叶圣陶

给少年儿童多介绍课外读物

学校、团、队和图书馆、阅览室各方面，常给少年儿童介绍些课外读物，同时用不同的方式对少年儿童进行阅读指导。读过之后还开个会，让少年儿童谈谈阅读的心得，交流阅读的经验。这种情形越来越普遍，真是少年儿童莫大的幸福。从前的少年儿童哪曾受到这样的关怀？唯有在今天，少年儿童的道德品质和文化知识各方面受到充分的培育，为往后的发展开辟了无限的前途。

介绍给少年儿童的课外读物，绝大部分是革命故事，各方面模范人物的故事，富于现实意义的文艺作品。少年儿童非常喜爱这一类读物，他们整个儿心灵钻进读物里去，仿佛生活在那些场景之中，跟那些英雄人物结成亲密的友谊，有时候仿佛跟英雄人物合而为一，英雄人物的行动、思想、欢乐、哀愁，好像就是自己的行动、思想、欢乐、哀愁。这样的潜移默化，影响最深远，好处说不尽。因此，少年儿童社会主义觉悟的提高，共产主义道德品质的培养，阅读这一类读物肯定是重要途径之一。

由于著作界和出版界的努力，今后这一类读物出版将更多。介绍工作似乎注意两点：一是及时，二是精选。随时留心新的出版物，发见值得号召少年儿童阅读的，立刻推荐，使他们先睹为快，这是及时。数量既然多了，选择不妨从严，相互比较之后，推荐一些更好的，淘汰一些次好的，这是精选。此外，阅读指导似乎该精益求精。这一类读物对少年儿童的好处既然在潜移默化，就得让他们在认真阅读之中自己有所领会，而不宜把他们能够领会的先给指出来。自己领会出于主动，印象深，经人家先给指出来然后去领会，未免被动，印象可能浅些。假如上述的想法可以得到承认，那么阅读指导就该从某一读物的具体情况出发，给少年儿童种种的启发，或者给指出些着眼的关键，或者给提出些思考的问题，使他们自由阅读而不离乎正轨，自己能得到深切的领会。打个比方，阅读指导犹如给走路的人指点某一条路怎么走，而不是代替他走，走路的人依照指点走去，非但不走冤枉路，而且见得广，懂得多，心旷神怡，连声说"不虚此行"，同时衷心感激给他指点的人。总之，阅读指导是思想工作又是技术工作，越深入，越细致，受指导的方面得益越大，前面说要精益求精，就是为此。

给少年儿童介绍课外读物，范围还要扩大些，过去的情形嫌不够广。

要介绍一些地理方面（包括天文方面）的读物，如旅行记、探险记、星空巡礼记之类。要介绍一些历史方面的读物，如历史故事、创造发明故事、历代名人传略之类。要介绍一些有关生物的读物，小至一种昆虫，大至成片森林，凡可以引起观察研究的兴趣的都好。要介绍一些有关物理、化学的读物，电灯为什么发光，钢铁为什么生锈，诸如此类，凡可以养成查根究底的习惯的都好。要介绍一些有关工业、农业的读物，工厂里怎么样操作，田地里怎么样耕种，怎么样改进应用的工具，怎么样提高产品的质量，诸如此类，凡可以加强动手的欲望，巩固劳动的习惯的都好。

以上说的各类读物，就知识的门类而言，不超出小学高年级和初级中学设置的课程。课堂里教的是最基本最主要的东西，各种课本是这些东西的扼要的记载和说明，都要求学生能够记住它，消化它。再给他们一些有关的课外读物，内容比课本丰富些，写法比课本生动些。他们阅读的时候感到触类旁通的乐趣，读过之后怀着再读同类的其他读物的强烈愿望。这样，不但课内学得的东西更加巩固，求知欲也更加旺盛了。说起求知欲，该是教育工作者必须注意的事儿。知识那么多，哪里教得尽？样样知识一定要待老师教了才懂得，也不是办法，教育虽然着重在"教"字，最终目的却在受教育者"自求得之"。因此，课堂教学除把最基本最主要的东西教给学生外，要随时顾到促进学生的求知欲。而介绍以上说的各类课外读物，也是促进求知欲的一个方法。唯有老守在屋子里的人，经常少见少闻，才能安于少见少闻。出去跑跑，接触异方殊俗，经历名山大川，知道世界那么广大，未知远胜已知，就尽想往外跑，再不愿守在屋子里了。多给少年儿童介绍些课外读物，就好比推动他们出去跑跑，要他们从而发生无穷的兴趣，立下跑遍全世界的宏愿。再说，如想象力，如创造力，不是也要注意培养的吗？这些能力都以求知欲为根基，如果对求知很淡漠，视而不见，听而不闻，还有什么想象和创造？课外读物既能促进求知欲，也就有培养想象力和创造力的功效。就这么附带说一句，不再细说。

以上说的各类读物，目前还不太多。在不太多的数量中，也还有不很适于少年儿童的，虽然写作意图是专供少年儿童阅读。但是，如果扩大选择的范围，不管写作意图是不是专供少年儿童阅读，只要跟少年儿童的需要和接受能力大致相宜的就入选，那一定能选出一批来，各门各类或多或少都有一些。

阅读指导当然还是要。知识性的读物该怎么样进行阅读指导，跟文艺性的读物的阅读指导有什么异同，要仔细研究。如果某学校某地区的少年儿童从来没有接触过这一类读物，开始介绍给他们的时候，似乎该作一番郑重而适当的宣传鼓动。慎之于始，经常是取得成功的好经验。

以下说另外一点意思。少年儿童要阅读知识性的读物，可是知识性的读物不太多，这种情况要从速改变。近年来特地为少年儿童写书的作家多起来了，他们应该受到热烈的感谢。希望他们在童话、小说、诗歌之外，也写一些旅行记、历史故事、创造发明故事之类的书，这些书虽说是知识性的，并不排斥文艺性，而且文艺性越强越好。希望工程师、农艺家、各方面的建设工作者和研究工作者都来为少年儿童写书，他们从辛勤劳动中得到的经验和成就，只要拿出一点一滴来，就是少年儿童智慧方面很好的润泽。有些同志往往这样说，事情倒是应该做也愿意做，可惜他们不了解少年儿童。实际未必然，谁都是从少年儿童时期成长起来的，回忆一番，就有亲切的了解。再说，谁的周围都有些少年儿童，虽说关系有深有浅，接触有久有暂，总不会对他们绝然不了解。根据了解，设身处地地为少年儿童着想，该写些什么，该怎么样写，自然都有眉目了。学校教师最了解少年儿童，更是义不容辞。固然，写书的事未必人人能做，可也没规定谁才配做。尝试去做，多考虑，多商量，锲而不舍，不能做的就变为能做了。

出版少年儿童读物的出版社要注意组织这方面的稿子，在选题计划中，知识性的读物要占一定的分量。教育的方针政策，学校和少年儿童的实际情况，都要很好地掌握，选题计划才能真正切合需要。对于适于写稿的作者，最要紧的是想办法鼓起他们的积极性，使他们深切感到非为少年儿童写些东西不可。书该怎么样写，取材怎么样，体例怎么样，笔调怎么样，当然是作者的事，但是出版社也要好好研究，把研究所得提供作者参考。稿子写成了，请教育工作者看看，请少年儿童看看，听听他们的意见。斟酌他们的意见，再行加工，直到无可加工了，然后出版。所以要这样做，无非为广大的少年儿童着想，希望他们得到最大的利益。

报刊方面做评介工作，也要注意这一类知识性的读物。过去的情形是文艺性的读物注意得多，知识性的读物注意得少。一篇简要精当的评介文章登出去，好的读物就像长了翅膀，飞到广大读者心灵的窗户前，等候开窗欢迎。报刊有义务使好的读物长翅膀。

给少年儿童更多的课外读物，说得严重点儿，这是对世

界的明天负责任的大事。为庆祝今年的国际儿童节，特地写
这篇短文，向有关各方面请教。

1959 年 5 月 22 日作

原题《给少年儿童更多的课外读物》

刊 6 月 1 日《光明日报》

署名叶圣陶

给中学生介绍古书——读《经典常谈》

　　学校国文教室的黑板上常常写着如下一类的粉笔字："三礼：周礼，仪礼，礼记。""三传：公羊传，谷梁传，左传。"学生看了，就抄在笔记簿上。

　　学期考试与入学考试，国文科常常出如下一类的测验题目："《史记》何人所作？《资治通鉴》何人所作？""什么叫'四书'？什么叫'四史'？""司马相如何代人？杜甫何代人？他们有哪一方面的著作？"与考的学生只消写上人名、书名、朝代名就是。写错了或者写不出当然没有分数。

　　曾经参观一个中学，高中三年级上"中国文学史"课，用的是某大学的讲义《中国文学史要略》，方讲到隋唐。讲义中提及孔颖达的《五经正义》、杜佑的《通典》、王通的《中说》等，没有记明卷数，教师就一一写在黑板上，让学生一一抄在本子上。在教室里立了大约半点钟，没听见教师开一声口，只看见他写的颇为老练的一些数目字。

书籍名、作者名、作者时代、书籍卷数，不能不说是一种知识。可是，学生得到了这种知识有什么受用，咱们不妨想一想。参与考试，如果遇到这一类的测验题目，就可以毫不迟疑地答上去，取得极限的分数，这是一种受用。还有呢？似乎没有了。在跟人家谈话的当儿，如果人家问你"什么叫'四史'？"你回答得出就是《史记》《汉书》《后汉书》《三国志》，你的脸上自然也会有一副踌躇满志的神色，可惜实际上谈话时候把这种问题作话题的并不多。

另外一派人不赞成这种办法，说这种办法毫无道理，不能叫学生得到真实的受用。这个话是千真万确的。他们主张，学生必须跟书籍直接打交道，好比朋友似的，你必须跟他混在一块，才可以心心相通，彼此影响，仅仅记住他的尊姓大名，就与没有这个朋友一样。这个话当然也没有错，可是他们所说的书籍范围很广，差不多从前读书人常读的一些书籍，他们主张现在的学生都应该读。而且，他们开起参考书目来就是一大堆，就说《史记》吧，关于考证史事的有若干种，关于评议体例的有若干种，关于鉴赏文笔的有若干种。他们要学生自己去摸索，把从前人走过的路子照样走一遍，结果才认识《史记》的全貌，这儿就有问题了。范围宽广，从前读书人常读一些书籍都拿来读，跟现代的教育宗旨合不合，是问题。每一种书籍都要由学生自己去摸索，时间跟能力够不够，又是问题。这些问题不加注意，徒然苦口婆心地对学生说："你们要读书啊！"其心固然可敬，可是学生还是得不到真实的受用。

现代学生的功课，有些是从前读书人所不做的，如博物、理化、图画、音乐之类。其他的功课，就实质说，虽然就是从前读书人学的那一些，可是书籍不必再用从前人的本子了。一部历史教本就可以摄取历代史籍的大概，经籍子籍的要旨，这自然指编撰得好的而言。现在有没有这样好的教本，那是另一问题。试问为什么要这么办？为的是从前书籍浩如烟海，现代的学生要做的功课多，没有时间一一去读它。为的是现代切用的一些实质，分散在潜藏在各种书籍里，让学生淘金似的去淘，也许淘不着，也许只淘着了一点儿。尤其为的是从前的书籍，在现代人看来，有许多语言文字方面的障碍。先秦古籍更有脱简错简，传抄致误，清代学者校勘的贡献虽然极大，但是否完全恢复了各书的原样，谁也不敢说定。现代学生不能也不应个个劳费精力在训诂校勘上边，是显而易见的。所以，为实质的吸收着想，可以干脆说一句，现代学生不必读从前的书。只要历史教本跟其他学生用书编撰得好，教师和帮助学生的一些人们又指导得法，学生就可以一辈子不读《论语》《庄子》，却能知道孔子、庄子的学说；一辈子不读《史记》《汉书》，却能明晓古代的史迹。

可是，有些书籍的实质和形式是分不开的，你要了解它，享受它，必须面对它本身，涵泳得深，体味得切，才有得益。譬如《诗经》，就不能专取其实质，翻为现代语言，让学生读"白话诗经"。翻译并不是不能做，并且已经有人做过，但到底是另外一回事；真正读《诗经》，还得直接读"关关雎鸠"。又如《史记》，作为历史书，尽可用"历史教本""中国通史"之类来代替；但是它同时又是文学作品，作为文学作品，就不能用"历史教本""中国通史"之类来代替，从这类书里知道了楚汉相争的史迹，并不等于读了

《项羽本纪》。我想，要说现代学生应该读些古书，理由应该在这一点上。

还有一点，如朱自清先生在这本《经典常谈》的序文里说的，"在中等以上的教育里，经典训练应该是一个必要的项目。经典训练的价值不在实用，而在文化。有一位外国教授说过，阅读经典的用处，就在教人见识经典一番。这是很明达的议论。再说做一个有相当教育的国民，至少对于本国的经典也有接触的义务。"一些古书，培育着咱们的祖先，咱们跟祖先是一脉相承的，自当尝尝他们的营养料，才不至于无本。若讲实用，似乎是没有，有实用的东西都收纳在各种学科里了；可是有无用之用。这可以打个比方，有些人不怕旅行辛苦，道路几千，跑上峨眉金顶看日出，或者跑到甘肃敦煌，看石窟寺历代的造像跟壁画。在专讲实用的人看来，他们干的完全没有实用，只有那股傻劲儿倒可以佩服。可是他们从金顶下来，打敦煌回转，胸襟扩大了，眼光深远了，虽然还是各做他们的事儿，却有了一种新的精神。这就是所谓无用之用。读古书读的得其道，也会有类似的无用之用。要说现代学生应该读些古书，这是一个理由。

这儿要注意，"现代学生应该读些古书"，万不宜忽略"学生"两字跟一个"些"字。说"学生"，就是说不是专家，其读法不该跟专家的一样（大学里专门研究古书的学生当然不在此限）。说"些"，就是说分量不能多，就是从前读书人常读的一些书籍也不必全读。就阅读的本子说，最好辑录训诂校勘方面简明而可靠的定论，让学生展卷了然，不必在一大堆参考书里自己去摸索。就阅读的范围说，最好根据前边说的两个理由来选定，只要精，不妨小，只要达到让学生见识一番这么个意思就成。这本《经典常谈》的序文里说："我们理想中一般人的经典读本——有些该是全书，有些只该是选本节本——应该尽可能地采取他们的结论；一面将本文分段，仔细地标点，并用白话文作简要的注释。每种读本还得有一篇切实而浅明的白话文导言。"现代学生要读些古书，急切需用这样的读本。口口声声嚷着学生应该读古书的先生们，似乎最适宜负起责任来，编撰这样的读本。可是他们不干，只是"读书啊！读书啊！"地直嚷；学生实在没法接触古书，他们就把罪名加在学生头上，"你们自己不要好，不爱读书，叫我有什么办法？"我真不懂得他们的所以然。

朱先生的《经典常谈》，却是负起这方面的责任来的一本书，它是一些古书的"切实而浅明的白话文导言"。谁要知道某书是什么，它就告诉你这个什么，看了这本书当然不就是读了古书，可是古书的来历，其中的大要，历来对于该书有什么问题，直到现在为止，对于该书已经研究到什么程度，都可以有个简明的概念。学生如果自己在一大堆参考书里去摸索，费力甚多，所得未必会这么简明。因这本书的导引，去接触古书，就像预先看熟了地图跟地理志，虽然到的是个新地方，却能头头是道。专家们未必看得起这本书，因为"这中间并无编撰者自己的创见，编撰者的工作只是编撰罢了"（序文中语）；但是这本书本来不是写给专家们看的，在需要读些古书的学生，这本书正适合他们的理解能力跟所需分量。尤其是"各篇的讨论，尽量采择近人新说"（序文中语），近人新说当然不单为它"新"，而为它是最近研究的结果，比较可作定论，使学生在入门的当儿，便祛除了狭陋跟迂腐的弊病，是大可称美的一点。

这本书所说经典，不专指经籍，是用的"经典"二字的广义，包括群经、先秦诸子、几种史书、一些集部，共十三篇。把目录抄在这儿：《说文解字》第一；《周易》第二；《尚书》第三；《诗经》第四；"三礼"第五；"《春秋》三传"第六（国语附）；"四书"第七；《战国策》第八；《史记》《汉书》第九；诸子第十；辞赋第十一；诗第十二；文第十三。前头十一篇都就书讲；末了"诗""文"两篇却只叙述源流，不就书讲，"因为书太多了，没法子一一详论，而集部书的问题也不像经、史、子那样重要，在这儿也无需详论"（序文中语）。

1943 年 6 月 3 日作

原题《读〈经典常谈〉》

刊《中学生》月刊 66 期

署名叶圣陶